Método de VIOLÃO

Fernando Azevedo

Nº Cat.: BQ108

Irmãos Vitale Editores Ltda.
vitale.com.br
Rua Raposo Tavares, 85 São Paulo SP
CEP: 04704-110 editora@vitale.com.br Tel.: 11 5081-9499

© Copyright 2013 by Irmãos Vitale Editores Ltda. - São Paulo - Rio de Janeiro - Brasil.
Todos os direitos autorais reservados para todos os países. *All rights reserved.*

CIP-BRASIL. CATALOGAÇÃO NA FONTE
SINDICATO NACIONAL DOS EDITORES DE LIVROS - RJ.

A988m

    Azevedo, Uriel Fernando, 1933-1999
       Método de violão / Uriel Fernando Azevedo. - 1. ed. - São Paulo: Irmãos Vitale, 2014.
    48 p. ; 22 cm

    Inclui índice
    ISBN 978-85-7407-394-1

    1. Violão - Instrução e ensino. I. Título.

14-09810   CDD: 787.3
                                                                                              CDU: 780.614.333

19/02/2014   25/02/2014

Prof. Fernando Azevedo

Quando tomei a decisão de compor este modesto trabalho, não fui movido pela vaidade ou desejo de lucro imediato.

Estão à venda inúmeros Métodos Práticos de Violão, que podem ser classificados em dois tipos: os fáceis e errados e os certos e difíceis. Eis o motivo porque resolvi por um fácil e certo.

Preocupei-me em abordar dois pontos importantíssimos e inexplicavelmente esquecidos pelos que me antecederam na publicação de seus métodos: os vários gêneros da Música Popular (não podia deixar de dedicar um capítulo à Bossa Nova) e o Transporte.

Ocorre, não raro, que o violonista quando canta e se acompanha em um determinado tom, não consegue entoar as notas mais agudas ou as mais graves da melodia. É sabido que o tom varia de pessoa para pessoa. Imaginei para isso, uma tabela onde, através de uma simples consulta, seja possível, mesmo aos leigos em música, fazer o transporte para qualquer tom.

Aos que me honrarem com sua leitura, cumpre-me dizer que não escrevi para os que sabem e sim para os que nada sabem. Se estes conseguirem aprender com este método, estarei inteiramente compensado.

À carreira de professor que abracei, uma das mais nobres, acrescentei a música - idioma universal sentido e compreendido por todos os povos - desde os mais primitivos aos mais cultos.

A música está presente em todos os momentos de nossas vidas, tristes ou alegres; o universo todo compartilha dessa harmonia, seja no bater do coração, no marulhar das ondas, no canto dos pássaros ou no luzir das estrelas.

Tudo é melodia, tudo é harmonia, tudo obedece a um ritmo.

Você, Professor da cidade ou do interior, que compartilha desse ideal, a minha homenagem sincera e a minha admiração.

Este método é um trabalho simples, para pessoas simples que desejam colocar um pouco de música em suas vidas.

A todos aqueles que me honrarem com a sua leitura ou o utilizarem em seus estudos, os meus agradecimentos.

Fernando Azevedo (★1933✝1999)
Agosto 1961

O Prof. Fernando Azevedo faleceu no Rio de Janeiro em Fevereiro de 1999.

Representação Gráfica

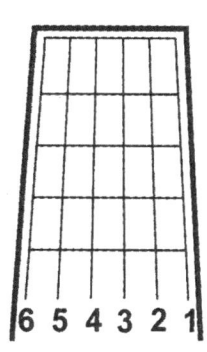

O gráfico ao lado representa o **braço do violão**. Os traços verticais são as *cordas* e os horizontais os *trastes*. Os traços verticais numerados de 1 a 6, representam as **cordas do violão**. O traço vertical que aparece no gráfico com o número 1 representa a primeira corda que é a mais fina de todas (corda Mi). Com o número 2, a segunda corda (Si). Com o número 3, a terceira corda (Sol). Com o número 4, a quarta corda (Ré). Com o número 5, a quinta corda (Lá) e com o número 6, a Sexta corda (Mi).

Quando aparecerem as indicações: 2ª casa, 3ª casa, 4ª casa etc., é sinal de que a posição deve ser feita a partir da 2ª, 3ª, 4ª etc. **casas do braço do violão,** conforme a indicação.

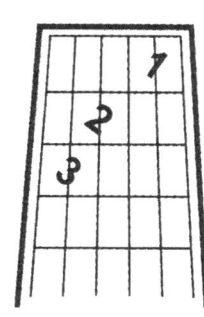

Os números que aparecem no gráfico representam os dedos da mão esquerda que se contam a partir do indicador (dedo 1). O médio é o dedo 2, o anular é o dedo 3 e o mínimo o dedo 4.
O dedo polegar não é contado desde que sua função seja apenas de apoio atrás do braço do violão. Ele não aperta nenhuma corda.

O **x** que se vê no gráfico ao lado, determina que a corda sobre a qual está colocado não pode ser tocada. A **bolinha preta** ● indica que aquela corda sobre a qual está colocada, é o baixo obrigatório do acorde indicado. A **bolinha branca** ○ indica que a corda sobre a qual está colocada é o baixo de revezamento.

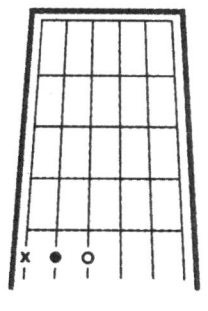

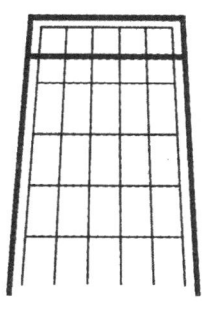

A barra mais grossa que se vê no gráfico à esquerda indica a **pestana**. Pestana indica que o dedo indicador (dedo 1) está sobre todas as cordas.

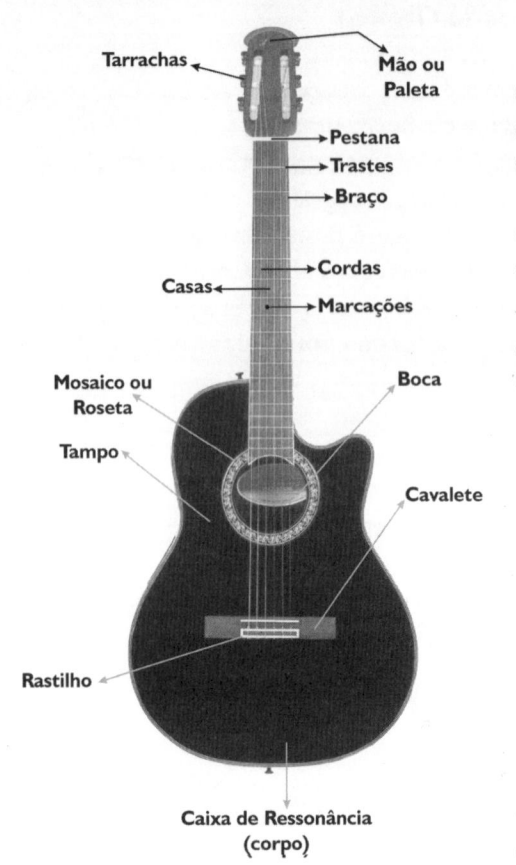

Do Violão

Os filetes de metal que fazem as várias divisões do braço do violão chamam-se **trastes**.

Os espaços compreendidos entre dois filetes (trastes) chamam-se **casas**.

As cordas são chamadas e contadas da seguinte maneira:

1ª Corda: Mi (a mais fina de todas)
2ª Corda: Si
3ª Corda: Sol
4ª Corda: Ré
5ª Corda: Lá
6ª Corda: Mi

Posição Correta

O violão na perna esquerda é a posição defendida pela Escola Clássica e é sem dúvida a melhor, principalmente se a colocarmos em nível mais alto que a direita. (Os solistas clássicos colocam o pé esquerdo em um pequeno banco.)

O violão sobre a perna direita é a posição defendida por alguns violonistas, notadamente aqueles que tocam violão elétrico, em função do problema dos fios.

As moças podem cruzar a perna direita sobre a esquerda e colocar o violão sobre a direita.

Com o auxílio de um cordel, pode-se tocar o violão em pé, não sendo boa essa posição para os solistas.

Posição da Mão Esquerda

A mão esquerda fica em forma de concha. A palma da mão não encosta no braço.

O dedo polegar deverá estar sempre colocado na parte de trás do braço do violão.

Posição da Mão Direita

É importante observar esta posição. Pulso alto, dedos curvos e apenas o braço apoiado no corpo do violão.

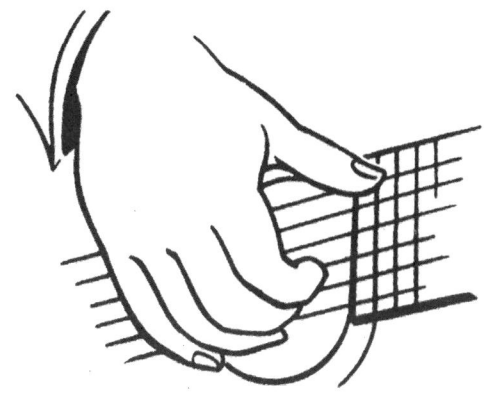

Como nosso método é somente para acompanhamento, dividiremos cada posição em duas partes: as três cordas mais agudas (1ª, 2ª e 3ª ou 2ª, 3ª e 4ª conforme o caso), chamaremos de **acorde** e as cordas mais graves (4ª, 5ª e 6ª ou apenas 5ª e 6ª) de **baixos**.

O acorde é tocado pelos dedos anular, médio e indicador ao mesmo tempo, isto é, as três cordas serão puxadas no mesmo momento. Os baixos são tocados pelo dedo polegar.

> As unhas de ambas as mãos devem estar bem aparadas

Afinação

Enquanto principiante, é muito difícil para o violonista afinar o instrumento. Para fazê-lo é necessário algum tempo de estudo, quando então o ouvido começa a se educar. O violão deve ser afinado pelo diapasão. Entretanto, pela grande dificuldade que isso representa para os principiantes, aconselho-os a adotar o seguinte processo:

Estique a 6ª corda, não exageradamente e aperte o dedo na 5ª casa.
Com o som obtido afine a 5ª corda da seguinte maneira:
    Estique a 5ª corda até conseguir o mesmo som da 6ª corda apertada na 5ª casa
    Aperte a 5ª corda na 5ª casa e com o som obtido afine a 4ª corda
    Repita a operação com a 4ª corda para afinar a 3ª
    Aperte a 3ª corda na 4ª casa para afinar a 2ª
    Aperte a 2ª corda na 5ª casa para afinar a 1ª

Ritmo

A característica mais importante na Música Popular para determinar seu gênero é o **ritmo**.

No decorrer deste método vamos examinar os ritmos mais usados atualmente. O violonista paciente conseguirá bons resultados, se fizer todos os exercícios com atenção e cuidado.

O melhor exemplo de ritmo que temos para dar é a marcha dos soldados. Ela obedece sempre a uma cadência invariável... 1, 2 1, 2 1, 2... Manter sempre a mesma cadência é o mais importante no ritmo.

Por ser mais fácil, usaremos o ritmo de valsa em nosso 1º exercício, contando e obedecendo a mesma cadência: 1, 2, 3 1, 2, 3 1, 2, 3 etc.

Para esse exercício tocaremos todas as cordas soltas. Servirá de baixo a 6ª corda e de acorde as três primeiras cordas.

Quando contarmos 1 tocaremos o baixo, 2 o acorde e 3 o acorde. Portanto, tocaremos o baixo uma vez e o acorde duas vezes, como veremos neste gráfico:

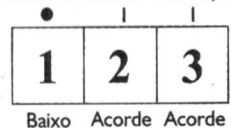

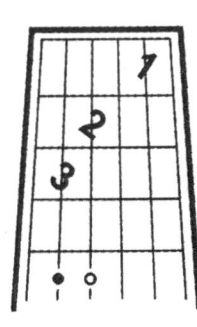

1	2	3
Baixo	Acorde	Acorde

Repita esse exercício tantas vezes quanto for necessário para conseguir igualdade rítmica e portanto, o ritmo de valsa.

Chamo a atenção do violonista para que a contagem seja feita com absoluta igualdade. A tendência é contar 1, 2, 3, fazer uma pausa para tornar a contar 1, 2, 3. Contem 1, 2, 3 1, 2, 3 sem interrupção, como se estivessem marchando. Depois de bem sabido este capítulo, passaremos a fazer o mesmo ritmo na posição de Dó Maior, observando o seguinte: o baixo assinalado com uma bolinha preta ● deve ser tocado em primeiro lugar, isto é, na contagem 1 (baixo obrigatório). Depois o 2 e 3 com o acorde que é representado por um pequeno traço vertical e quando contarmos outra vez o número 1, toque o baixo assinalado com círculo O (baixo de revezamento):

1	2	3	1	2	3
B	A	A	B	A	A

Cifras

Cifra é o nome que se dá ao processo de representar os acordes por meio de letras, números e sinais. São sete as notas musicais a saber: Dó-Ré-Mi-Fá-Sol-Lá-Si. Usam-se para designar os acordes feitos sobre essas notas, sete letras maiúsculas:

A (Lá), **B** (Si), **C** (Dó), **D** (Ré), **E** (Mi), **F** (Fá), **G** (Sol)

São acrescentadas às letras, os acidentes musicais e apesar de ser de uso corrente em cifra, não representaremos aqui o *bemol* com a letra "b", preferindo conservar a sua grafia original "♭". Portanto, as notas e os acordes que sobre elas são formados se sucedem na seguinte ordem: Dó (C), Ré♭(D♭), Ré (D), Mi♭(E♭), Mi (E), Fá (F), Sol♭(G♭), Sol (G), Lá♭(A♭), Lá (A), Si♭(B♭) e Si (B). Os acordes podem ser maiores ou menores; quando menores, coloca-se um "m" minúsculo depois da letra:

Dó Maior (C) Dó Menor (Cm)

Dó Maior
(Relativo de Lá Menor)

Começaremos aqui o estudo das tonalidades. Todo tom tem dois acordes principais característicos. No estudo de cada tom, eles são os que se fazem em primeiro e segundo lugar, respectivamente, por isso mesmo são chamados de primeira e segunda do tom.

Em Dó Maior temos C (primeira de Dó) e G7 (segunda de Dó).

Os tons maiores seguem geralmente duas sequências:

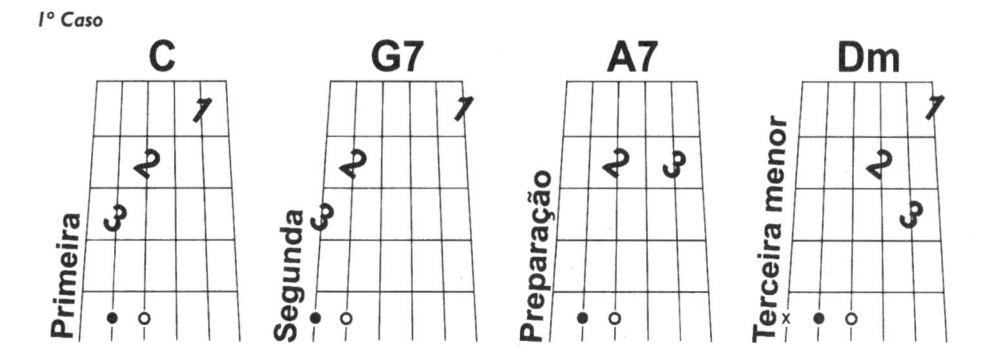

1º Caso

O x que é visto na sexta corda da terceira menor (Dm) indica que essa corda não deve ser tocada.

Decore estas posições e depois estude-as em ritmo de valsa, tocando em cada posição uma vez o baixo obrigatório e outra vez o baixo de revezamento e seguindo a seguinte ordem: C, G7, C, A7, Dm, G7 e C.

O segundo caso é o mais difícil por causa da pestana. Pestana é a posição em que o dedo 1 aperta todas as cordas na mesma casa.

Chamo a atenção do violonista para que aplique força na base do dedo e não muito na ponta.

Pestana talvez seja a maior dificuldade no estudo prático de acompanhamento. Por isso mesmo devemos começar o seu estudo imediatamente. No início o som obtido não será bom. Não se importe e continue tentando, pois, só conseguirá bom som com alguma prática. A pestana é representada graficamente por uma barra sobre a casa em que é feita:

2° Caso

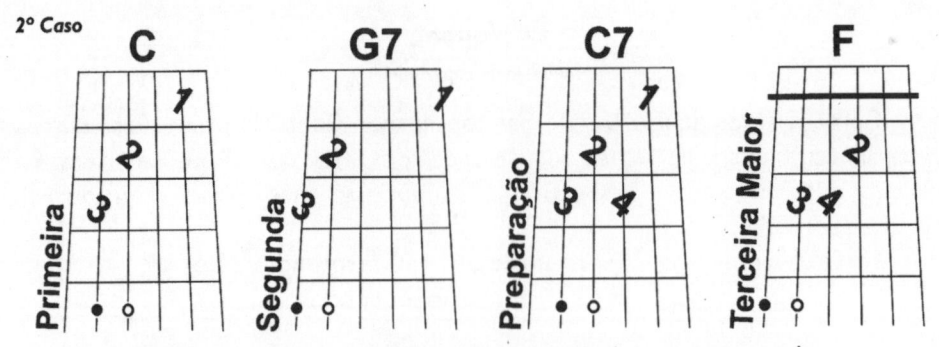

C — Primeira
G7 — Segunda
C7 — Preparação
F — Terceira Maior

Faça-se o mesmo exercício anterior seguindo a seguinte ordem:
C, G7, C, C7, F, G7, C

Exercício Prático
(Dó Maior)

Se o violonista estudou com a devida atenção os capítulos anteriores, estará em condições de cantar e se acompanhar nessa primeira música. Observe as instruções que se seguem e não encontrará dificuldade.

Colocaremos o sinal do baixo ou do acorde, em cima da sílaba em que ele deve ser tocado, acompanhado da cifra correspondente. Quando o sinal do baixo estiver colocado sem cifra é porque a posição permanece a mesma.

O revezamento de baixos pode deixar de ser feito. Não é erro repetir-se sempre o mesmo baixo. A finalidade do revezamento é tornar o acompanhamento mais bonito e menos monótono.

Antes de começarmos a cantar, devemos sempre tocar a 2ª e 1ª posição para que o nosso ouvido reconheça o tom em que vamos cantar. Em Dó Maior essas posições, como já sabemos, são G7 e C:

Parabéns Pra Você *(Happy Birthday To You)*
(Mildred & Patt Hill - Lea Magalhães-Gambier)
© Copyright 1935 by Summy Bircoard Music - USA
(Valsa) - Dó Maior

```
  C                G7
  •  I  I  •  I  I  •  I
       PARABÉNS PRA VOCÊ
                    C
     I  •  I  I  •  I
      NESTA DATA QUERIDA
         A7    Dm
      I   •  I I •  I
        MUITAS FELICIDADES
         G7         C
      I  •  I   I  •
       MUITOS ANOS DE VIDA
```

Encontramos o acompanhamento começando antes da letra. Isto, como é claro, indica que o baixo e o acorde são tocados sozinhos. Só começaremos a cantar no segundo sinal do acorde, na sílaba "PA" de PARABÉNS.

Lá Menor
(Relativo de Dó Maior)

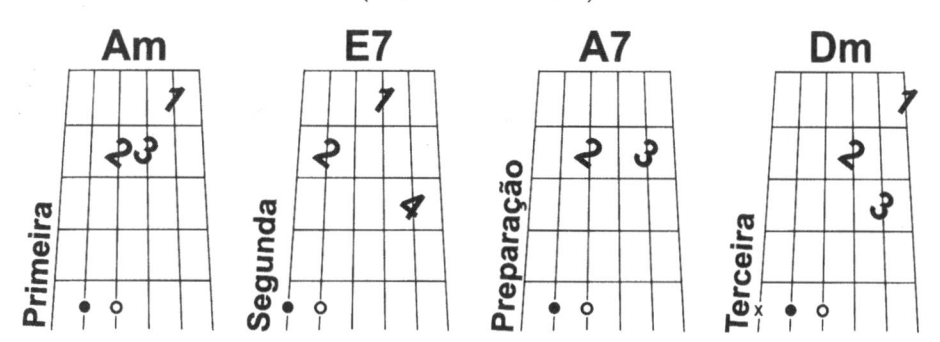

Am — Primeira
E7 — Segunda
A7 — Preparação
Dm — Terceira

Exercício: Em ritmo de valsa, como no exercício anterior, fazer o seguinte encadeamento: Am, E7, Am, A7, Dm, E7 e Am, até decorar.

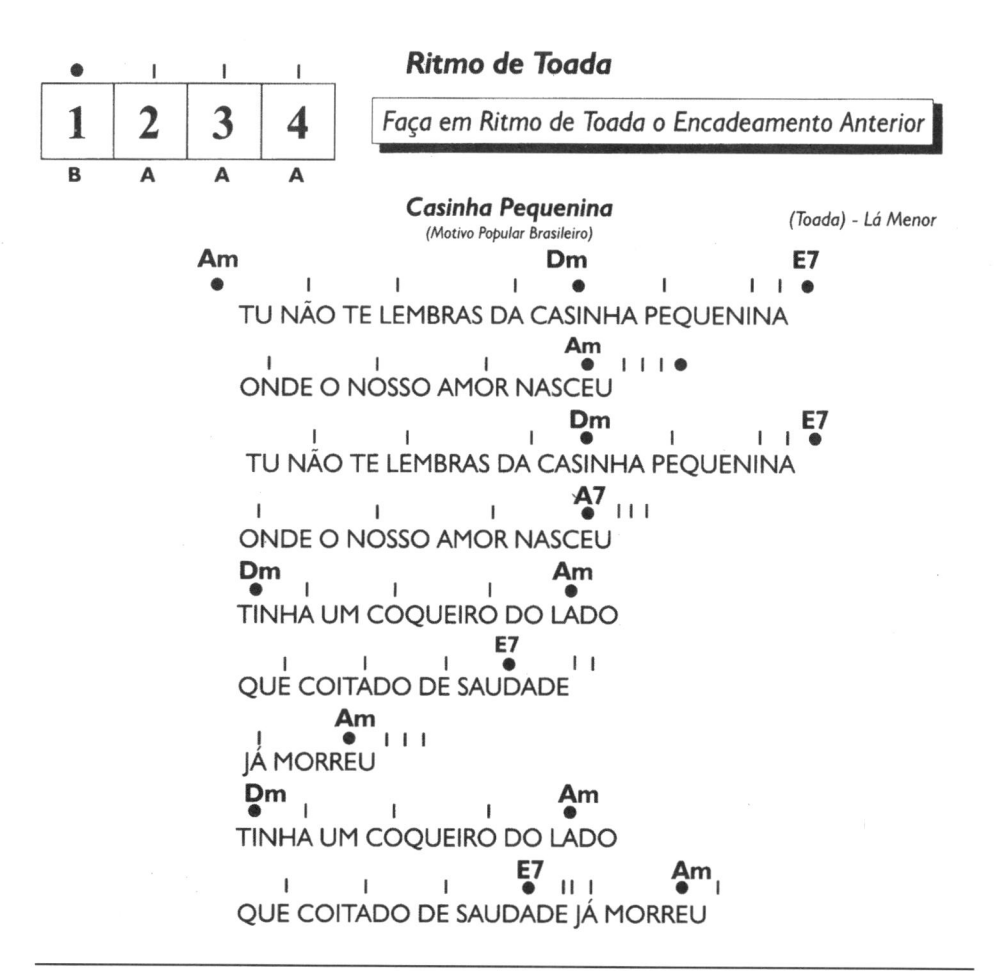

1	2	3	4
B	A	A	A

Ritmo de Toada

Faça em Ritmo de Toada o Encadeamento Anterior

Casinha Pequenina
(Motivo Popular Brasileiro) (Toada) - Lá Menor

Am | | | Dm | | E7 | |
TU NÃO TE LEMBRAS DA CASINHA PEQUENINA
| | | Am | | |
ONDE O NOSSO AMOR NASCEU
| | | Dm | | E7 |
TU NÃO TE LEMBRAS DA CASINHA PEQUENINA
| | | A7 | | |
ONDE O NOSSO AMOR NASCEU
Dm | | | Am
TINHA UM COQUEIRO DO LADO
| | | E7 | |
QUE COITADO DE SAUDADE
Am | | |
JÁ MORREU
Dm | | | Am
TINHA UM COQUEIRO DO LADO
| | | E7 | | Am |
QUE COITADO DE SAUDADE JÁ MORREU

Ritmo de Marcha

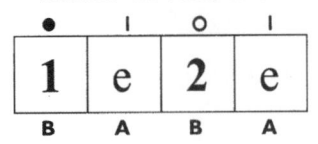

1 e **2** e
B A B A

A Banda
(Chico Buarque)
© Copyright 1966 by Editora Brasileira Moderna Ltda - São Paulo - Brasil

(Marcha) - Dó Maior

C **G7**
ESTAVA À TÔA NA VIDA
.... **C**
O MEU AMOR ME CHAMOU
A7 ...... **Dm**
PRA VER A BANDA PASSAR
...... **G7** ...... **C**
CANTANDO COISAS DE AMOR
.... **G7**
A MINHA GENTE SOFRIDA
.... **C**
DESPEDIU-SE DA DOR
A7 ...... **Dm**
PRA VER A BANDA PASSAR
...... **G7** ...... **C**
CANTANDO COISAS DE AMOR
O HOMEM SÉRIO
A7 ...... **Dm**
QUE CONTAVA DINHEIRO PAROU
A7
O FAROLEIRO
...... **Dm**
QUE CONTAVA VANTAGEM PAROU
...... **E7** ...... **Am**
A NAMORADA QUE CONTAVA AS ESTRELAS
A7 ...... **Dm**
PAROU PARA VER OUVIR
...... **G7**
E DAR PASSAGEM
C
A MOÇA TRISTE
A7 ...... **Dm**
QUE VIVIA CALADA SORRIU
A7
A ROSA TRISTE
...... **Dm**
QUE VIVIA FECHADA SE ABRIU
...... **E7** ...... **Am**
E A MENINADA TODA SE ASSANHOU
A7 ...... **Dm**
PRA VER A BANDA PASSAR
...... **G7** ...... **C**
CANTANDO COISAS DE AMOR

O VELHO FRACO
A7 ...... **Dm**
SE ESQUECEU DO CANSAÇO E PENSOU
...... **A7**
QUE AINDA ERA MOÇO
...... **Dm**
PRA SAIR DO TERRAÇO E DANÇOU
E7 ...... **Am**
A MOÇA FEIA DEBRUÇOU NA JANELA
A7 ...... **Dm**
PENSANDO QUE A BANDA
...... **G7**
TOCAVA PRA ELA
C
A MARCHA ALEGRE
A7 ...... **Dm**
SE ESPALHOU NA AVENIDA INSISTIU
A7
A LUA CHEIA
...... **Dm**
QUE VIVIA ESCONDIDA SURGIU
...... **E7** ...... **Am**
E A CIDADE TODA SE ENFEITOU
A7 ...... **Dm**
PRA VER A BANDA PASSAR
...... **G7** ...... **C**
CANTANDO COISAS DE AMOR
...... **G7**
MAS PARA MEU DESENCANTO
...... **C**
O QUE ERA DOCE ACABOU
A7 ...... **Dm**
TUDO TOMOU SEU LUGAR
...... **G7** ...... **C**
DEPOIS QUE A BANDA PASSOU
...... **G7**
E CADA QUAL EM SEU CANTO
...... **C**
EM CADA CANTO UMA DOR
A7 ...... **Dm**
DEPOIS DA BANDA PASSAR
...... **G7** ...... **C**
CANTANDO COISAS DE AMOR

Ritmo de Samba-Canção

Advirto o violonista para que preste muita atenção nesta contagem, porque se for mal feita, haverá confusão com o ritmo de valsa. O tempo 2 como mostra o gráfico, deve ser contado, mas não tocado. **Mantenha sempre a mesma cadência:** 1 e 2 e 1 e 2 e etc.

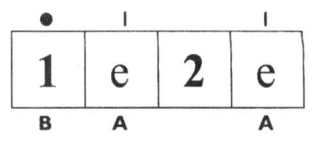

1	e	2	e
B	A		A

A Noite do Meu Bem
(Samba-Canção) - Lá Menor
(Dolores Duran)
© Copyright 1959 by Seresta Edições Musicais Ltda - São Paulo -Brasil

```
Am                                    Dm
HOJE    EU QUERO A ROSA MAIS LINDA QUE HOUVER
      E7                    Am
E A PRIMEIRA ESTRELA QUE VIER
       Dm              E7
PARA ENFEITAR A NOITE DO MEU BEM
Am                              Dm
HOJE    EU QUERO PAZ DE CRIANÇA DORMINDO
      E7              Am
E O ABANDONO DE FLORES SE ABRINDO
       Dm              E7      A7
PARA ENFEITAR A NOITE DO MEU BEM
Dm     G7                C
QUERO A ALEGRIA DE UM BARCO VOLTANDO
      A7                  Dm
QUERO A TERNURA DE MÃOS SE ENCONTRANDO
      G7              C        E7
PARA ENFEITAR A NOITE DO MEU BEM
Am                              Dm
AH!   EU QUERO AMOR O AMOR MAIS PROFUNDO
      E7            Am
EU QUERO TODA A BELEZA DO MUNDO
       Dm   E7       Am     A7
PARA ENFEITAR A NOITE DO MEU BEM
Dm       G7                C
QUERO A ALEGRIA DE UM BARCO VOLTANDO
      A7                  Dm
QUERO A TERNURA DE MÃOS SE ENCONTRANDO
      G7              C        E7
PARA ENFEITAR A NOITE DO MEU BEM
Am                              Dm
AH!   COMO ESTE BEM DEMOROU A CHEGAR
      E7              Am
EU JÁ NEM SEI SE TEREI NO OLHAR
      Dm        E7       Am
TODA TERNURA QUE EU QUERO LHE DAR
```

Ritmo de lê lê lê

Para fazer ritmo do lê lê lê, contam-se quatro tempos, mantendo sempre a mesma cadência.

Tempo 1
A mão direita desce, fazendo com que o polegar toque as cordas 6, 5 e 4, dependendo de quais sejam os baixos do acorde. O certo é que o polegar deverá tocar sempre mais de um baixo.

Tempo 2
A mão sobe, fazendo com que o dedo indicador (junto com o indicador poderá também ser usado o dedo médio e o anular), toque as cordas 1, 2 e 3.

Tempo 3
A mão desce, fazendo com que o dedo indicador (médio e anular), toque as cordas 3, 2 e 1 com a parte das unhas.

Tempo 4
Novamente a mão sobe, fazendo com que o dedo indicador (médio e anular), toque as cordas 1, 2 e 3. Resumindo, teremos o seguinte gráfico:

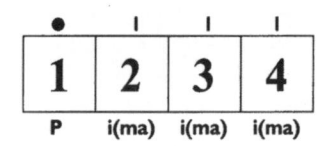

1	2	3	4
P	i(ma)	i(ma)	i(ma)

O tempo 3 é mais acentuado. Quando executar este exercício, ao contar o tempo três, empregue mais força nos dedos.

Este é o ritmo base do lê lê lê. Se for feito certo, o violonista não terá dificuldade em aprender outros estilos deste mesmo ritmo, bastando para isso escutar sempre os conjuntos de música jovem.

Quero Que Vá Tudo Pro Inferno

(lê lê lê) - Lá Menor

(Roberto Carlos - Erasmo Carlos)
© Copyright 1965 by Irmãos Vitale Editores - São Paulo - Brasil

Am   E7
DE QUE VALE O CÉU AZUL E O SOL SEMPRE A BRILHAR

Am   E7
SE VOCÊ NÃO VEM E EU ESTOU A TE ESPERAR

Em   A7   Em   A7
SÓ TENHO VOCÊ   NO MEU PENSAMENTO

Em   A7   D7   E7
E A TUA AUSÊNCIA   É TODO O MEU TORMENTO

D7   E7   A   G♭m
QUERO QUE VOCÊ   ME AQUEÇA NESTE INVERNO

Bm   E7   A
E QUE TUDO MAIS VÁ PRO INFERNO

Am   E7
DE QUE VALE A MINHA BOA VIDA DE PLAY BOY

Am   E7
ENTRO NO MEU CARRO E A SOLIDÃO ME DÓI

Em   A7   Em   A7
ONDE QUER QUE EU ANDE   TUDO É TÃO TRISTE

Em   A7   D7   E7
NÃO ME INTERESSA   O QUE DEMAIS EXISTE

D7   E7   A   G♭m
QUERO QUE VOCÊ   ME AQUEÇA NESTE INVERNO

Bm   E7   A
E QUE TUDO MAIS VÁ PRO INFERNO

Em   A7
NÃO SUPORTO MAIS

   Em   A7
VOCÊ LONGE DE MIM

Em   A7
QUERO ATÉ MORRER

      D
DO QUE VIVER ASSIM

D7   E7   A   G♭m
SÓ QUERO QUE VOCÊ   ME AQUEÇA NESTE INVERNO

Bm   E7   A
E QUE TUDO MAIS VÁ PRO INFERNO

Ritmo de Bolero

1	e	2	e	3	e	4	e
B	A		A	B	A	B	A

Alguém Me Disse
(Jair Amorim - Ewaldo Gouveia)
© Copyright 1961 by Editora Nossa Terra Ltda - Rio de Janeiro - Brasil

(Bolero) - Lá Menor

Am   **Dm**   **Am**
ALGUÉM ME DISSE   QUE TU ANDAS   NOVAMENTE

                     Dm   **Am**   **A7**
DE NOVO AMOR   NOVA PAIXÃO   TODA CONTEN.. TE

           Dm   **G7**
CONHEÇO BEM   TUAS PROMESSAS

         C
OUTRAS OUVI   IGUAIS A ESSAS

        Dm7   **E7**
ESSE TEU JEI......TO DE ENGANAR   CONHEÇO BEM

       Am   **Dm**   **Am**
POUCO ME IMPORTA   QUE TE VEJAM   TANTAS VE...ZES

                    Dm   **Am**   **A7**
E QUE TU MUDES   DE PAIXÃO   TODOS OS ME....SES

       Dm   **E7**
SE VAIS BEIJAR   COMO EU BEM SEI

        Am
FAZER SONHAR   COMO EU SONHEI

       Dm   **E7**
MAS SEM TER NUNCA   AMOR IGUAL

        Am
AO QUE TE DEI

Método de Violão

Sol Maior *(Relativo de Mi Menor)*

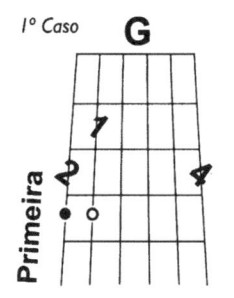

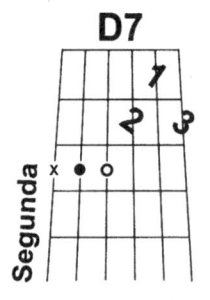

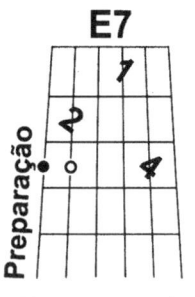

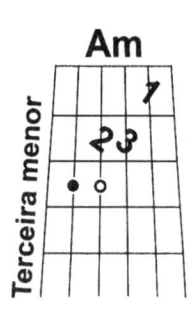

1º Caso G   D7   E7   Am

Exercício em ritmo de valsa: G, D7, G, E7, Am, D7, G.

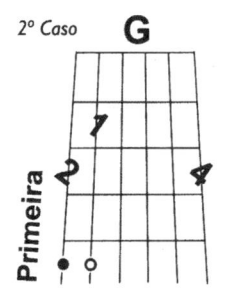

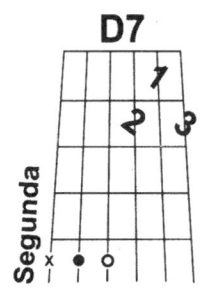

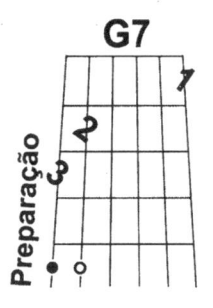

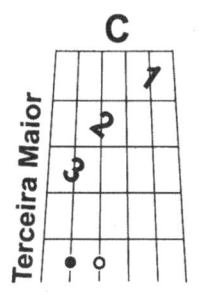

2º Caso G   D7   G7   C

Exercício: G, D7, G, G7, C, D7, G.

Mi Menor *(Relativo de Sol Maior)*

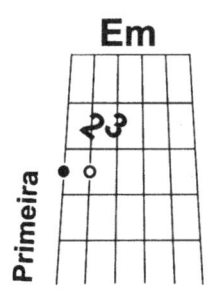

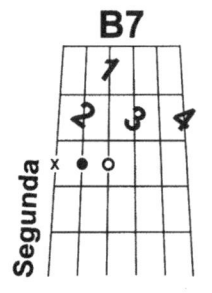

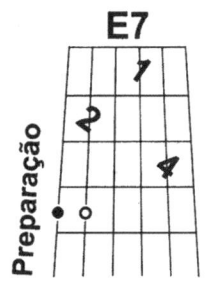

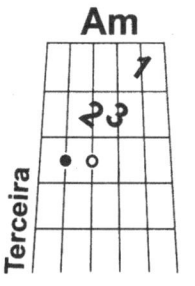

Em   B7   E7   Am

Exercício: Em, B7, Em, E7, Am, B7, Em.

* O **x** que se vê na 2ª posição (B7) indica que a 6ª corda não deve ser tocada.

Ré Maior *(Relativo de Si Menor)*

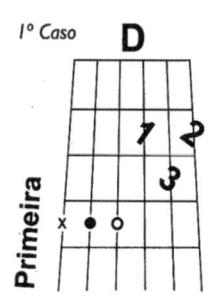

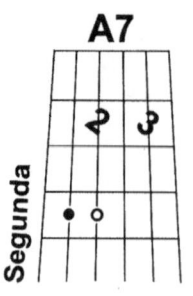

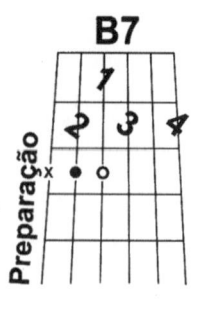

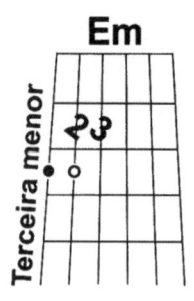

1º Caso — D, A7, B7, Em

Exercício: D, A7, D, B7, Em, A7, D.
* Não toque a 6ª corda no acorde B7.

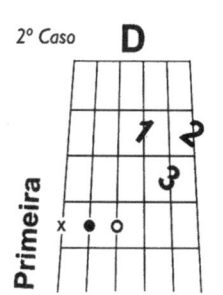

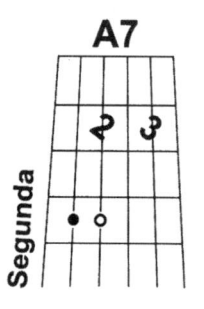

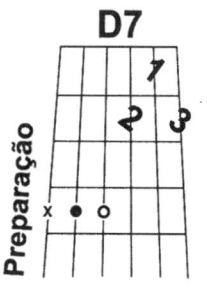

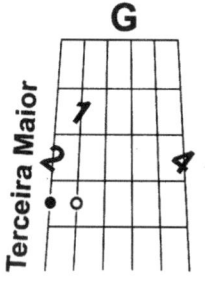

2º Caso — D, A7, D7, G

Exercício: D, A7, D, D7, G, A7, D.

Si Menor *(Relativo de Ré Maior)*

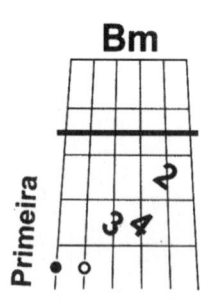

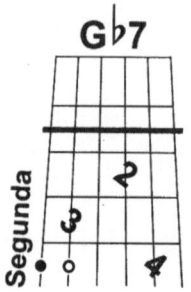

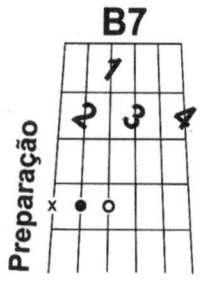

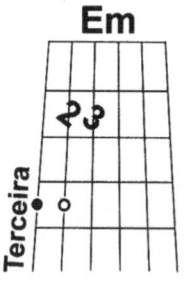

Bm, G♭7, B7, Em

Exercício: Bm, G♭7, Bm, B7, Em, G♭7, Bm.

Lá Maior (Relativo de Sol Bemol Menor)

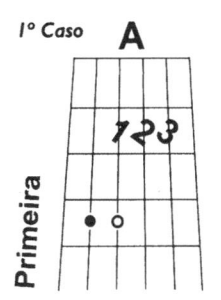

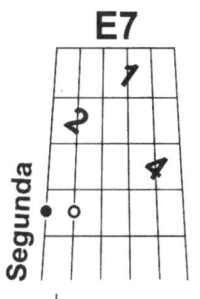

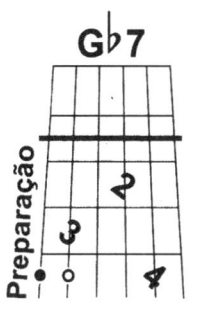

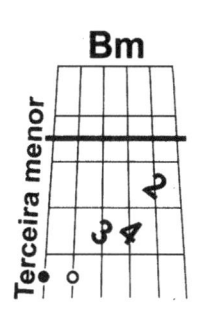

1° Caso: A — E7 — G♭7 — Bm

Exercício: A, E7, A, G♭7, Bm, E7, A.

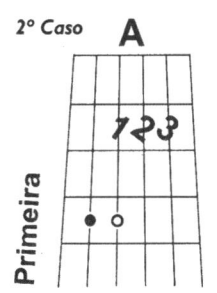

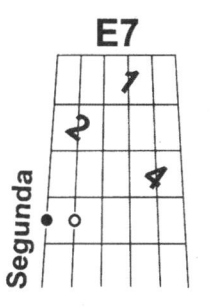

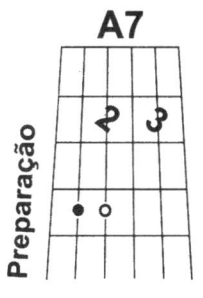

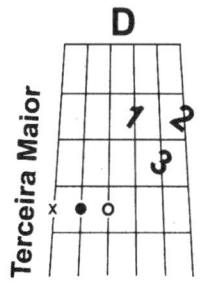

2° Caso: A — E7 — A7 — D

Exercício: A, E7, A, A7, D, E7, A.

Sol Bemol Menor - Fá Sustenido Menor (Relativo de Lá Maior)

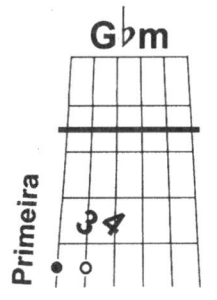

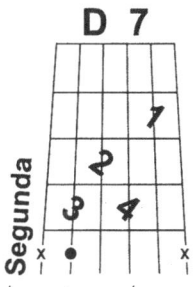

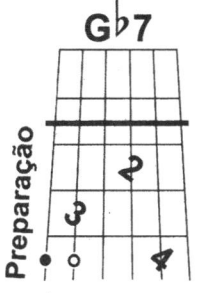

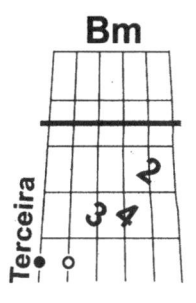

G♭m — D7 — G♭7 — Bm

Exercício: G♭m, D♭7, G♭m, G♭7, Bm, D♭7, G♭m.

* Na 2ª posição (D♭7) não se tocam as 1ª e 6ª cordas, ambas estão marcadas com um **x**.

Mi Maior (Relativo de Ré Bemol Menor)

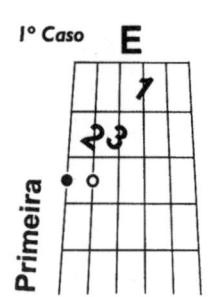

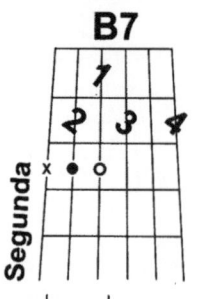

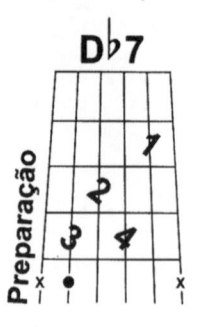

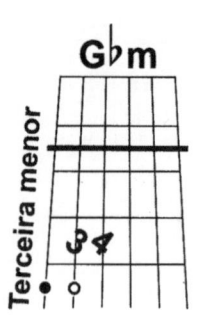

1º Caso: E — B7 — D♭7 — G♭m
(Primeira) (Segunda) (Preparação) (Terceira menor)

Exercício: E, B7, E, D♭7, G♭m, B7, E.

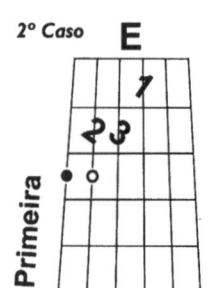

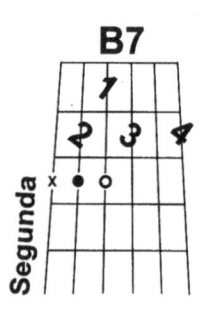

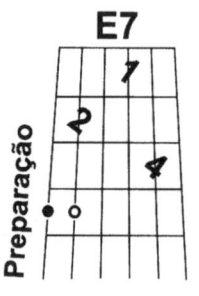

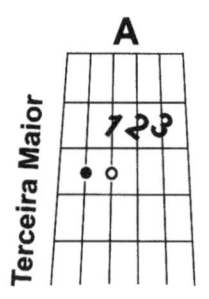

2º Caso: E — B7 — E7 — A
(Primeira) (Segunda) (Preparação) (Terceira Maior)

Exercício: E, B7, E, E7, A, B7, E.

Ré Bemol Menor - Dó Sustenido Menor (Relativo de Mi Maior)

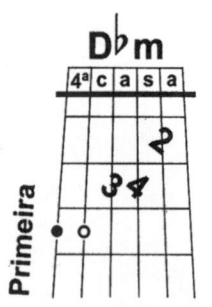

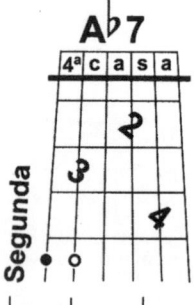

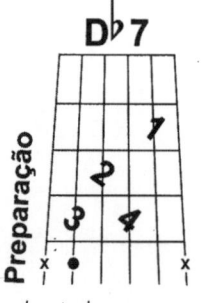

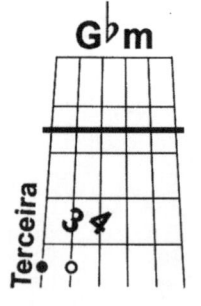

D♭m (4ª casa) — A♭7 (4ª casa) — D♭7 — G♭m
(Primeira) (Segunda) (Preparação) (Terceira)

Exercício: D♭m, A♭7, D♭m, D♭7, G♭m, A♭7, D♭m.

Si Maior *(Relativo de Lá Bemol Menor)*

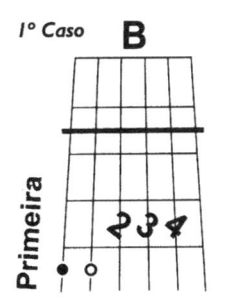

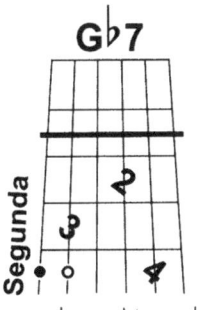

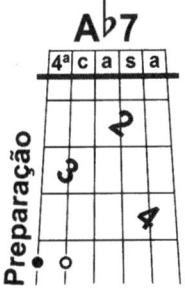

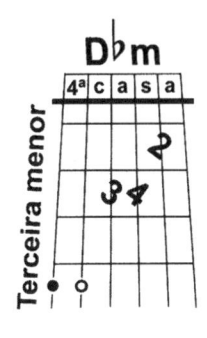

1° Caso

B — Primeira
G♭7 — Segunda
A♭7 — Preparação (4ª casa)
D♭m — Terceira menor (4ª casa)

Exercício: B, G♭7, B, A♭7, D♭m, G♭7, B.

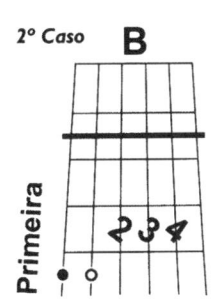

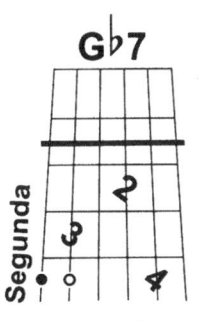

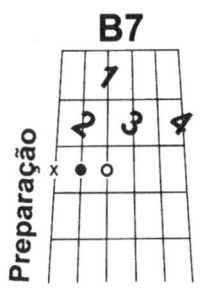

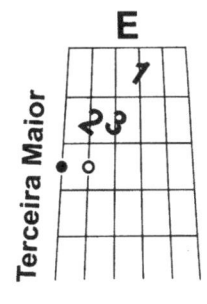

2° Caso

B — Primeira
G♭7 — Segunda
B7 — Preparação
E — Terceira Maior

Exercício: B, G♭7, B, B7, E, G♭7, B.

Lá Bemol Menor - Sol Sustenido Menor *(Relativo de Si Maior)*

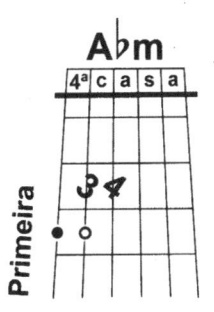

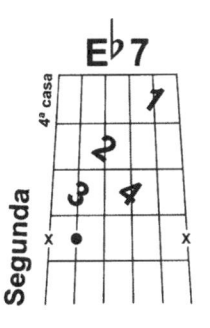

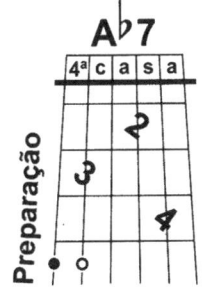

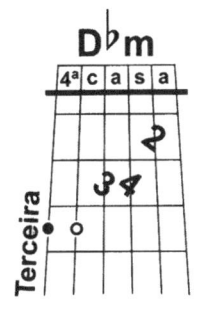

A♭m — Primeira (4ª casa)
E♭7 — Segunda (4ª casa)
A♭7 — Preparação (4ª casa)
D♭m — Terceira (4ª casa)

Sol Bemol Maior - Fá Sustenido Maior (Relativo de Mi Bemol Menor)

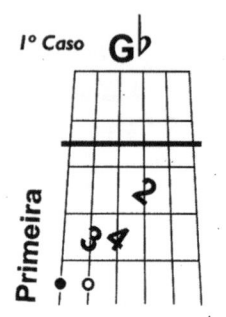

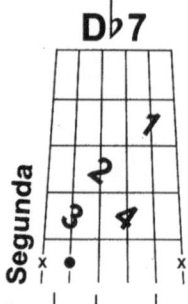

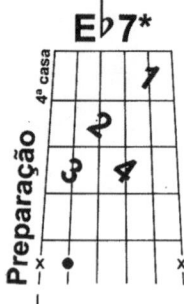

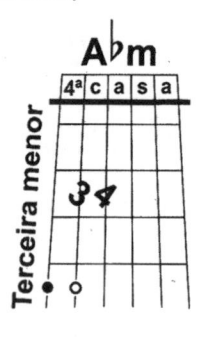

1º Caso

Gb (Primeira) — Db7 (Segunda) — Eb7* (Preparação) — Abm (Terceira menor, 4ª casa)

Exercício: Gb, Db7, Gb, Eb7, Abm, Db7, Gb.

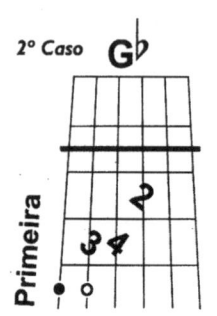

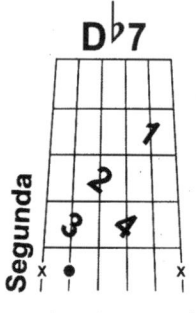

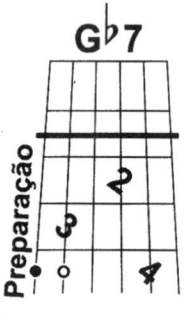

2º Caso

Gb (Primeira) — Db7 (Segunda) — Gb7 (Preparação) — B (Terceira menor)

Exercício: Gb, Db7, Gb, Gb7, B, Db7, Gb.

Mi Bemol Menor - Ré Sustenido Menor (Relativo de Sol Bemol Maior)

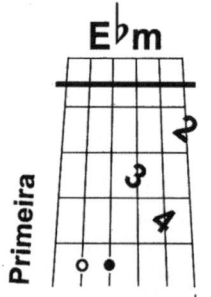

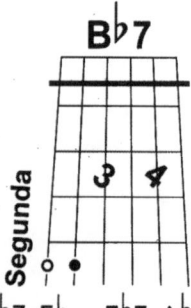

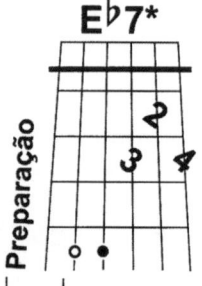

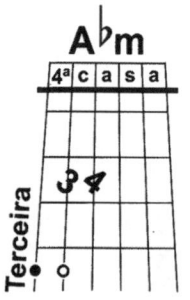

Ebm (Primeira) — Bb7 (Segunda) — Eb7* (Preparação) — Abm (Terceira, 4ª casa)

Exercício: Ebm, Bb7, Ebm, Eb7, Abm, Bb7, Ebm.

* A posição Eb7 pode ser feita dessas duas formas.

Ré Bemol Maior - Dó Sustenido Maior (Relativo de Si Bemol Menor)

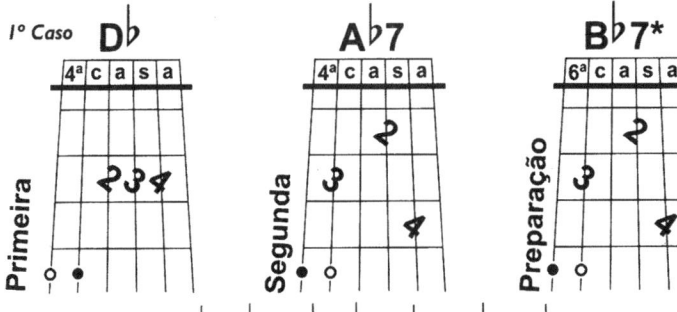

1º Caso Db (4ª casa, Primeira) — Ab7 (4ª casa, Segunda) — Bb7* (6ª casa, Preparação) — Ebm* (6ª casa, Terceira menor)

Exercício: Db, Ab7, Db, Bb7, Ebm, Ab7, Db.

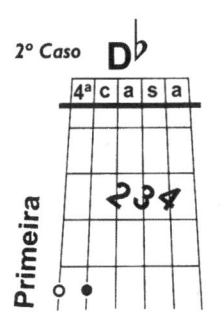

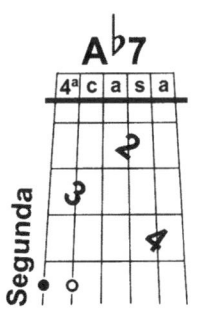

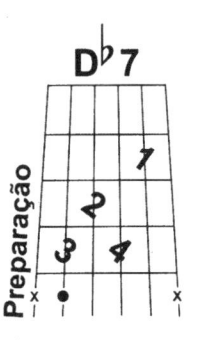

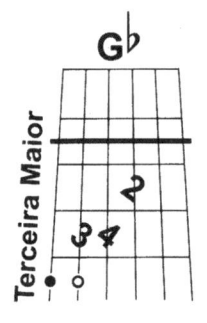

2º Caso Db (4ª casa, Primeira) — Ab7 (4ª casa, Segunda) — Db7 (Preparação) — Gb (Terceira Maior)

Exercício: Db, Ab7, Db, Db7, Gb, Ab7, Db.

Si Bemol Menor - Lá Sustenido Menor (Relativo de Ré Bemol Maior)

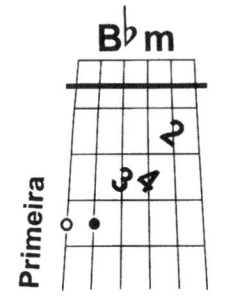

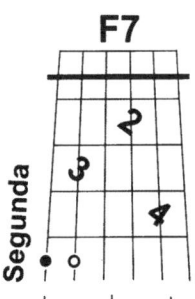

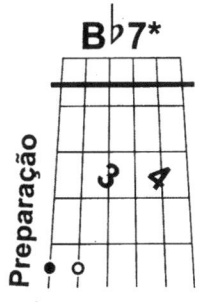

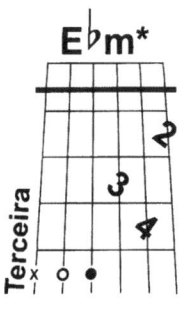

Bbm (Primeira) — F7 (Segunda) — Bb7* (Preparação) — Ebm* (Terceira)

Exercício: Bbm, F7, Bbm, Bb7, Ebm, F7, Bbm.

* As posições Bb7 e Ebm podem ser feitas dessas duas formas.

Lá Bemol Maior - Sol Sustenido Maior (Relativo de Fá Menor)

1º Caso A♭ | E♭7 | F7 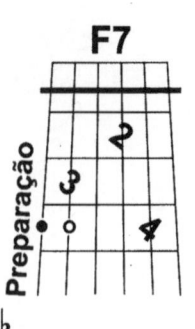 | B♭m

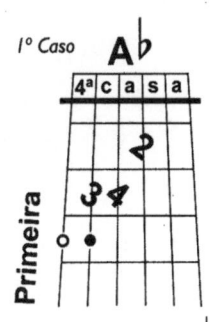

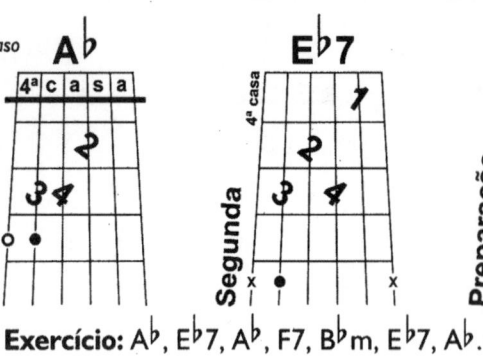

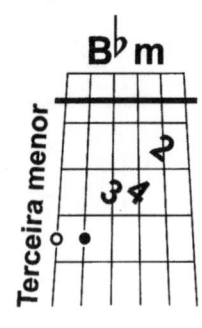

Exercício: A♭, E♭7, A♭, F7, B♭m, E♭7, A♭.

2º Caso A♭ | E♭7 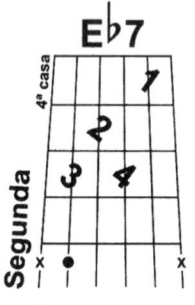 | A♭7 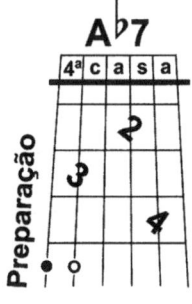 | D♭

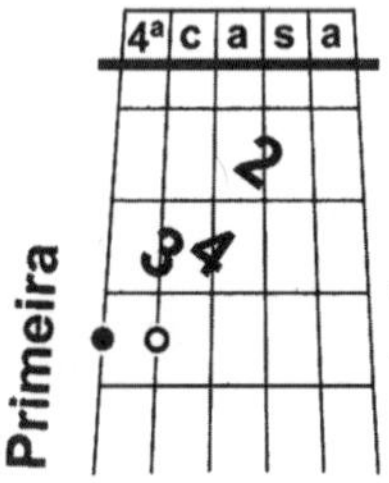

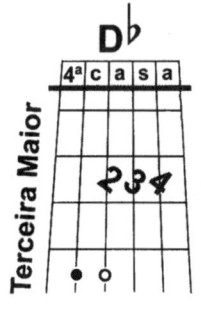

Exercício: A♭, E♭7, A♭, A♭7, D♭, E♭7, A♭.

Fá Menor (Relativo de Lá Bemol Maior)

Fm | C7 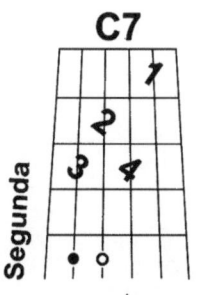 | F7 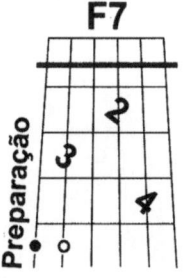 | B♭m

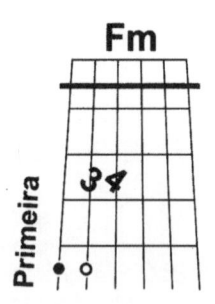

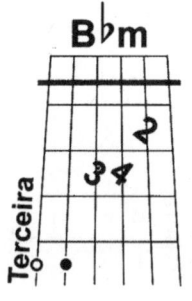

Exercício: Fm, C7, Fm, F7, B♭m, C7, Fm.

Mi Bemol Maior - Ré Sustenido Maior (Relativo de Dó Menor)

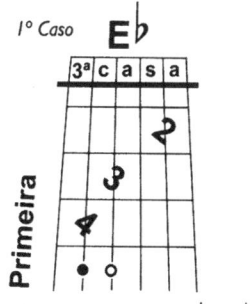

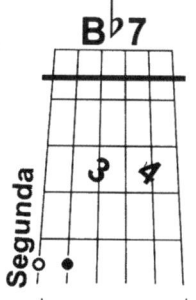

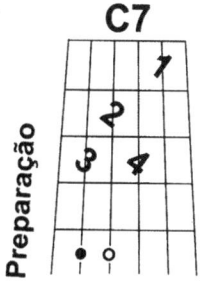

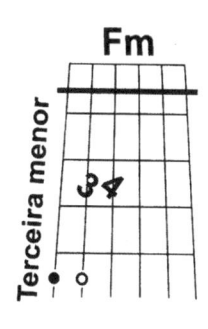

1º Caso: E♭ | B♭7 | C7 | Fm

Exercício: E♭, B♭7, E♭, C7, Fm, B♭7, E♭.

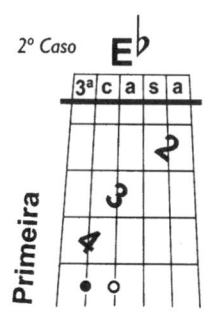

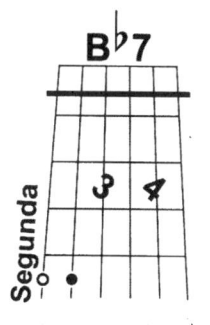

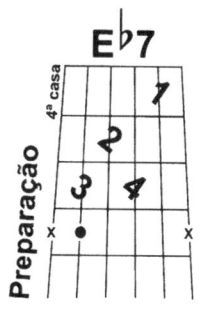

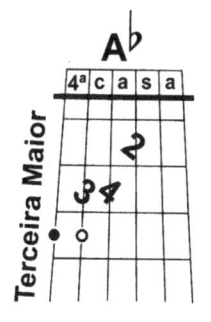

2º Caso: E♭ | B♭7 | E♭7 | A♭

Exercício: E♭, B♭7, E♭, E♭7, A♭, B♭7, E♭.

Dó Menor (Relativo de Mi Bemol Maior)

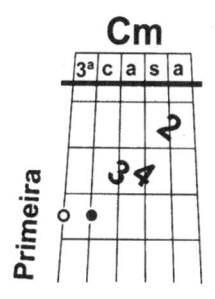

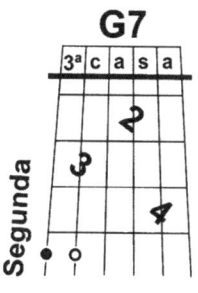

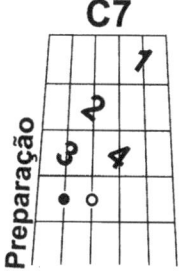

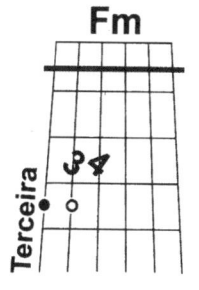

Cm | G7 | C7 | Fm

Exercício: Cm, G7, Cm, C7, Fm, G7, Cm.

Si Bemol Maior - Lá Sustenido Maior (Relativo de Sol Menor)

1º Caso

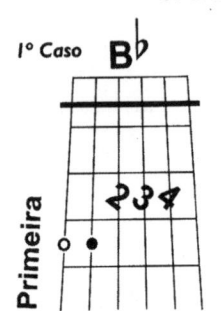

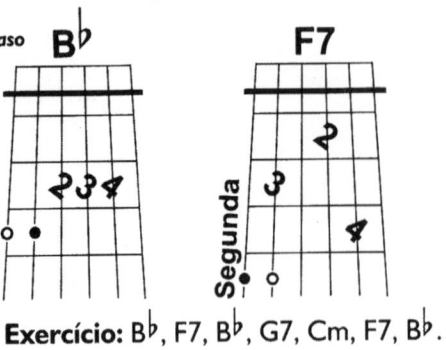

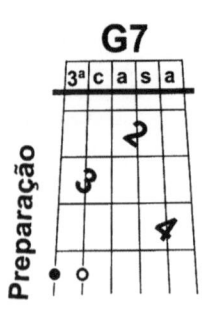

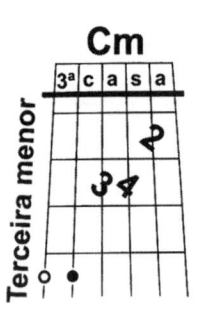

Bb - Primeira
F7 - Segunda
G7 - Preparação (3ª casa)
Cm - Terceira menor (3ª casa)

Exercício: Bb, F7, Bb, G7, Cm, F7, Bb.

2º Caso

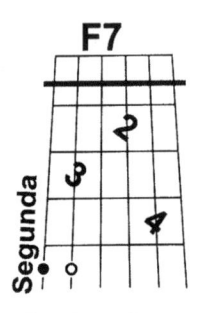

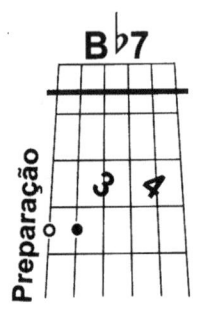

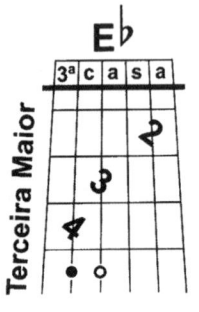

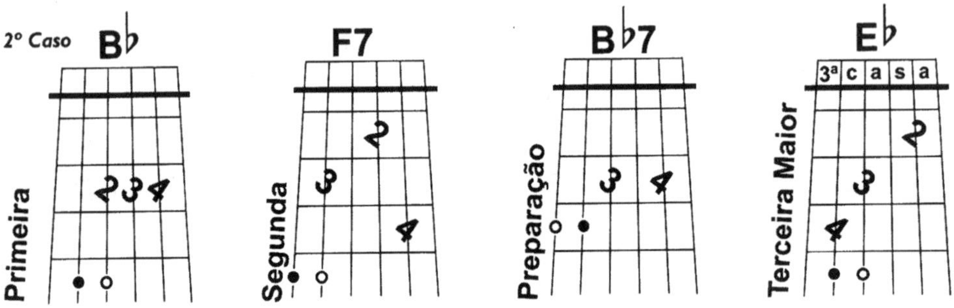

Bb - Primeira
F7 - Segunda
Bb7 - Preparação
Eb - Terceira Maior (3ª casa)

Exercício: Bb, F7, Bb, Bb7, Eb, F7, Bb.

Sol Menor (Relativo de Si Bemol Maior)

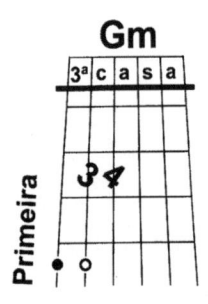

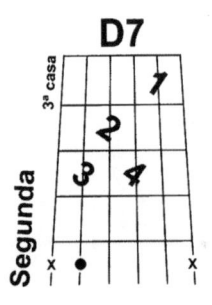

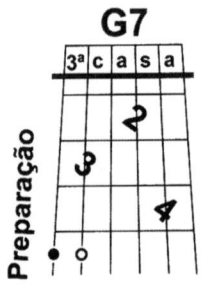

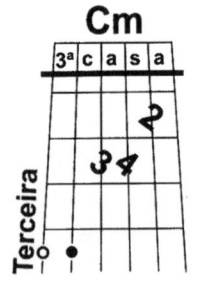

Gm - Primeira (3ª casa)
D7 - Segunda (3ª casa)
G7 - Preparação (3ª casa)
Cm - Terceira (3ª casa)

Exercício: Gm, D7, Gm, G7, Cm, D7, Gm.

Fá Maior (Relativo de Ré Menor)

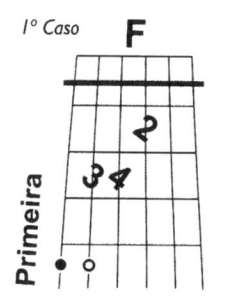

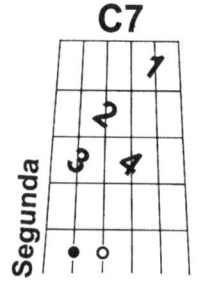

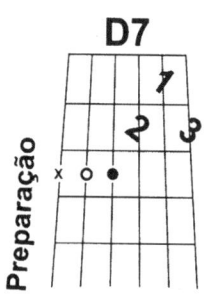

1º Caso: F, C7, D7, Gm

Exercício: F, C7, F, D7, Gm, C7, F.

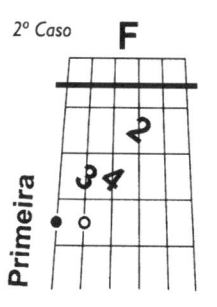

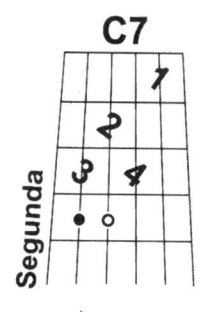

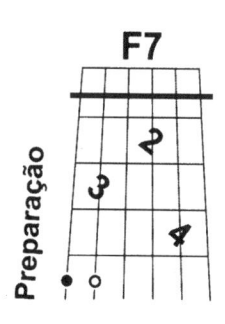

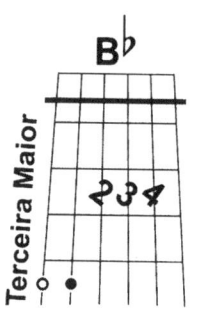

2º Caso: F, C7, F7, B♭

Exercício: F, C7, F, F7, B♭, C7, F.

Ré Menor (Relativo de Fá Maior)

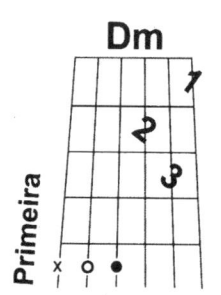

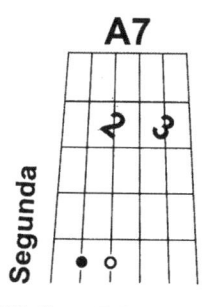

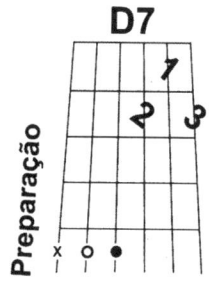

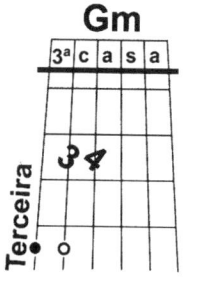

Dm, A7, D7, Gm

Exercício: Dm7, A7, Dm, D7, Gm, A7, Dm.

Bossa Nova

Nesse ritmo o violonista necessitará de alguma paciência e perseverança. Estude vagarosamente, até conseguir segurança, só depois tente cantar. Faça esse exercício com todas as cordas soltas. De baixo obrigatório servirá a 6ª corda e de baixo de revezamento a 5ª corda. O acorde será formado pelas três primeiras cordas:

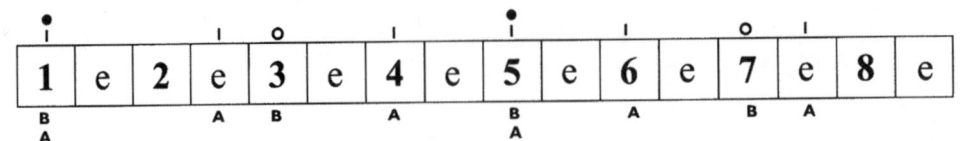

1	e	2	e	3	e	4	e	5	e	6	e	7	e	8	e
B A		A		B		A		B A		A		B		A	

Depois de bem treinado e sem que se vacile mais, passe a fazer o seguinte exercício com a sequência Am, A7, Dm, E7, Am:

       Conte 1 fazendo o Am
       Quando contar o 5 mude para A7
       Quando contar o 1 novamente toque o Dm
       Quando contar o cinco toque o E7
       Tornando a contar o 1 toque o Am

e continue repetindo este exercício até conseguir absoluta segurança. Só aí tente cantar e se acompanhar no samba que se segue:

Mulher de Trinta
(Luiz Antônio)
© Copyright by Fermata do Brasil Ltda - São Paulo - Brasil   *(Samba-Bossa Nova) - Lá Menor*

Am   **E7**
VOCÊ MULHER QUE JÁ VIVEU

A7   **Dm**
QUE JÁ SOFREU NÃO MIN......TA

G7   **C**
UM TRISTE ADEUS NOS OLHOS SEUS

B7   **E7**
A GENTE VÊ MULHER DE TRINTA

Am   **E7**
NO SEU OLHAR NA SUA VOZ

A7   **Dm**
UM NOVO MUN...DO SIN......TA

G7   **C**
É BOM SONHAR SONHEMOS NÓS

E7   **Am**
EU E VOCÊ MULHER DE TRIN........TA *(para terminar pare aqui)*

A7   **Dm**
AMANHÃ SEMPRE VEM

B7   **E7**
E O AMANHÃ PODE TRAZER ALGUÉM

Acordes Dissonantes

Não existem regras absolutas para o emprego destes acordes. Entretanto, colecionamos um grupo deles, de fácil emprego.

Primeiramente, analisaremos os acordes que podem substituir as segundas e as preparações. São eles:

Nona Maior * Nona Menor * Sétima com Quinta Aumentada

Se a segunda ou preparação é C7, poderemos substituí-la por C9, C-9 ou ainda C7/+5.

Se a segunda ou preparação é D7, poderemos substituí-la por D9, D-9 ou ainda D7/+5.

A escolha de um outro acorde vai depender do ouvido e do gosto de cada um.

Resumo

Toda preparação ou segunda é formada por um acorde de sétima. E todo acorde de sétima pode ser substituído por um de nona. É só trocar o (7) pelo (9):

C7,C9 * D7,D9 * F7,F9, etc.

O mesmo aplica-se para os acordes de nona menor (-9) e acordes de sétima com quinta aumentada (7/+5). É só trocar o (7) por (-9), ou acrescentar a quinta aumentada (7/+5)

Exemplos de Encadeamentos

Teríamos a sequência de Dó Maior (C, A7, Dm, G7, C) modificada da seguinte maneira:

C, A9, Dm, G9, C, ou C, A9, Dm, G-9, C ou ainda,
C, A7/+5, Dm, G(7/+5), C

Poderíamos misturar as várias dissonâncias o que tornaria o acompanhamento menos monótono:

C, A9, Dm, G7/+5, C ou C, A-9, Dm, G9, C ou ainda
C, A7/+5, Dm, C

Como se pode perceber os encadeamentos são os mais variados e poderão ser feitos ainda outros, dependendo do gosto pessoal do executante. Ainda se poderá usar depois dos acordes de nona, nona menor, quinta aumentada, o acorde de sétima.

Executem no violão o seguinte encadeamento:

C, A(7/+5), A7, Dm, G(-9), G7, C

O violonista, por si próprio, deverá fazer outros encadeamentos, usando os vários acordes já aprendidos e em vários tons. É absolutamente necessário que esses encadeamentos sejam não só decorados, mas acima de tudo "sentidos" para que possam ser empregados com eficiência e oportunidade.

Acordes de Sétima e Nona

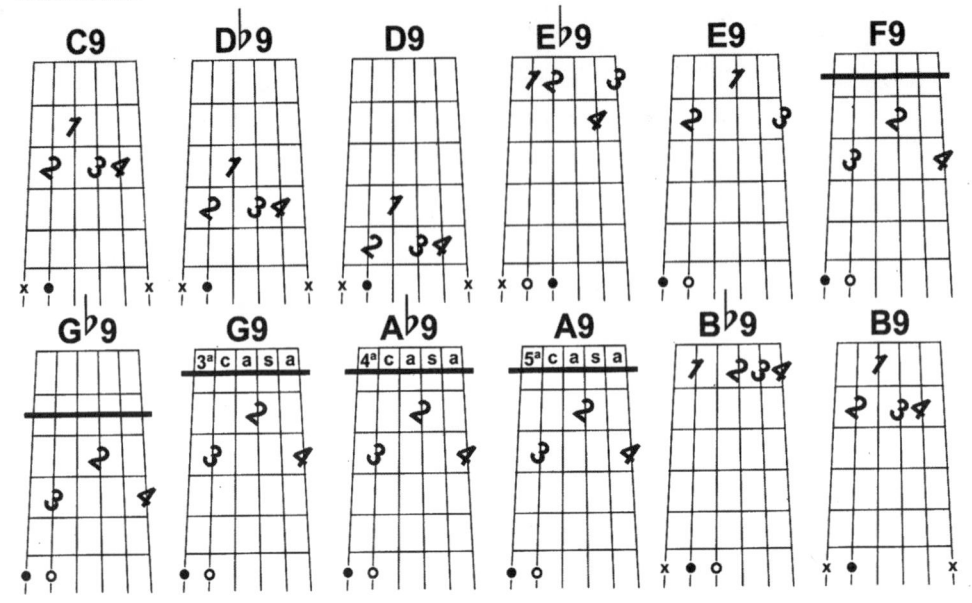

Nona Maior

C9　Db9　D9　Eb9　E9　F9

Gb9　G9　Ab9　A9　Bb9　B9

Nona Menor

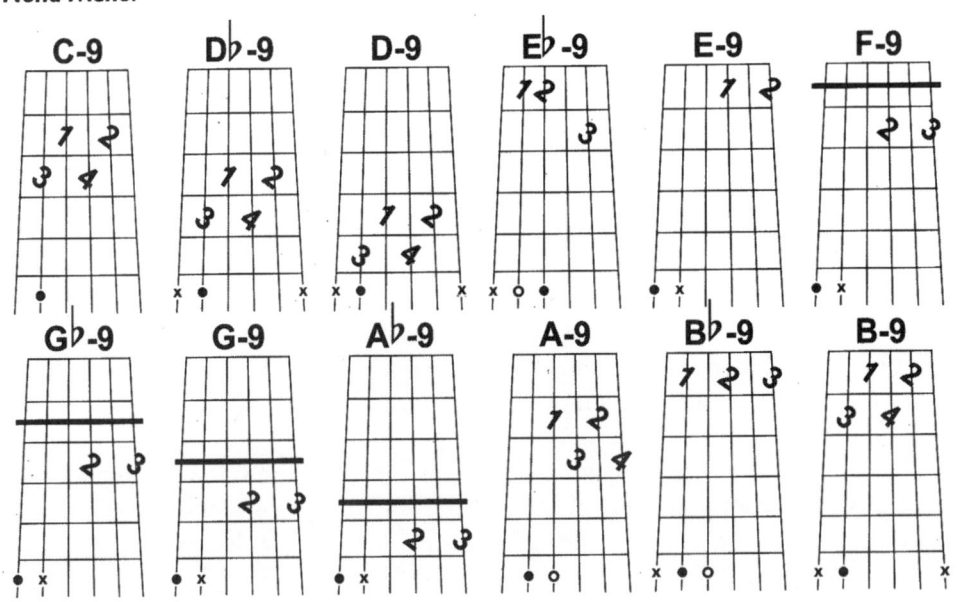

C-9　Db-9　D-9　Eb-9　E-9　F-9

Gb-9　G-9　Ab-9　A-9　Bb-9　B-9

Não há necessidade de se escrever o sete. Em todo acorde de Nona, a Sétima está subentendida

Acordes de Sétima com Quinta Aumentada

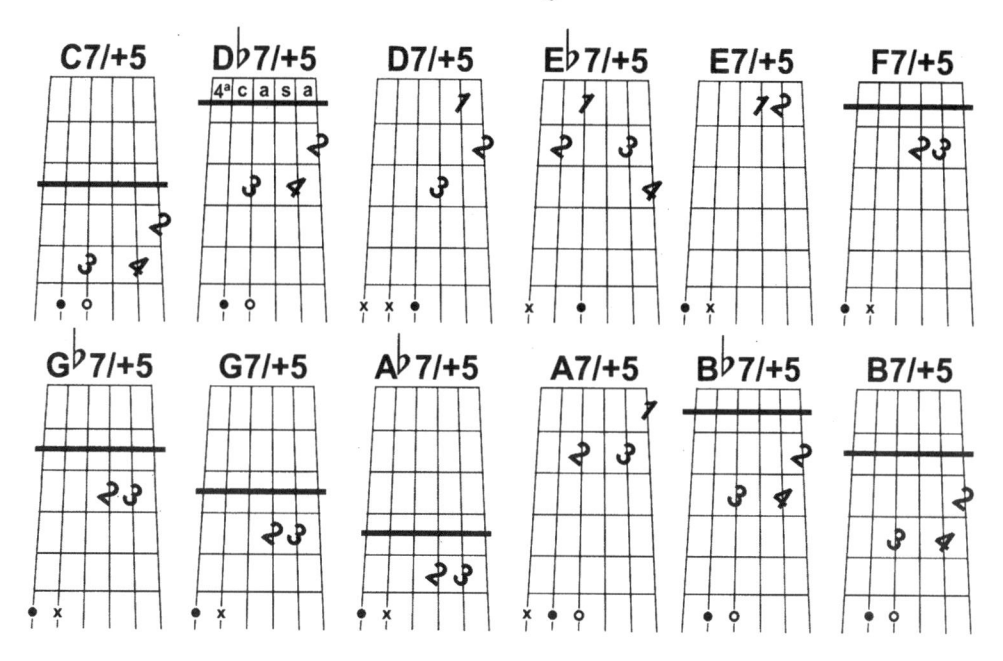

C7/+5 Db7/+5 D7/+5 Eb7/+5 E7/+5 F7/+5

Gb7/+5 G7/+5 Ab7/+5 A7/+5 Bb7/+5 B7/+5

Acordes de Sétima Diminuta

Representaremos esse acorde por um ° encimando a nota:
C° (Dó Sétima Diminuta)
Também é muito comum encontrarmos em partituras as seguintes notações:
C7dim ou Cdim

Os acordes de sétima diminuta podem ser facilmente empregados e com grande beleza, entre a primeira e a terceira, isto é, no lugar da preparação.
Geralmente casam bem; em vez de C, A7 e Dm teríamos:
C, Db° e Dm

Como já foi tratado, as notas se sucedem na seguinte ordem:
Dó, Réb, Ré, Mib, Mi, Fá, Solb, Sol, Láb, Lá, Sib, Si

Para substituirmos a preparação procede-se da seguinte forma:
1) Verifica-se qual a primeira. No exemplo acima a primeira é Dó (C).
2) Verifica-se na escala qual a nota que vem depois de Dó: é Réb.

Essa nota dará nome ao acorde diminuto que substituirá a preparação.
Assim, teríamos:
C, Db° e Dm

A regra é esta: o acorde diminuto que serve de ligação entre a primeira e a terceira do tom é encontrado na nota da escala que vem logo após a nota sobre a qual é formada a primeira posição do tom.

Resumo

Em regra geral os acordes de sétima podem ser substituídos por acordes diminutos da seguinte maneira: tendo-se em mente a ordem em que se sucedem as notas, verifica-se a nota imediatamente seguinte àquela que dá nome ao acorde que se quer substituir. O nome dessa nota será o nome do acorde diminuto a ser usado. Tomemos como exemplo o acorde de Dó com sétima (C7). O acorde diminuto que o substituirá será o D♭º. Realmente D♭ é a nota imediatamente seguida ao C.

Outros exemplos: A7 B♭º * G7 A♭º * D7 E♭º, etc.

Exemplos de Encadeamentos

A sequência de Dó Maior (C, A7, Dm, G7, C), se apresentaria assim modificada:
C, B♭º, Dm, G7, C

Faça novos encadeamentos, além desses que se seguem com os acordes estudados. Procure sentir as várias sequências para que depois possa empregá-las com sucesso:

C, B♭º, Dm, G-9, C * C, B♭º, A7, Dm, G7/5+, C * C, A7/5+, Dm, Dº, C

> Para maior esclarecimento e facilidade de execução, todos os acordes de sétima diminutas assinalados com o número (1), são iguais, isto é, são os mesmos, ainda que feitos em outras posições. Portanto, no lugar do Cº pode-se usar G♭º, E♭º, Aº. O mesmo acontece com os acordes assinalados com os números (2) e (3). Daí se conclui que a rigor os acordes diminutos são somente três, embora feitos em várias posições e em cada uma dessas posições tenham nomes diferentes.

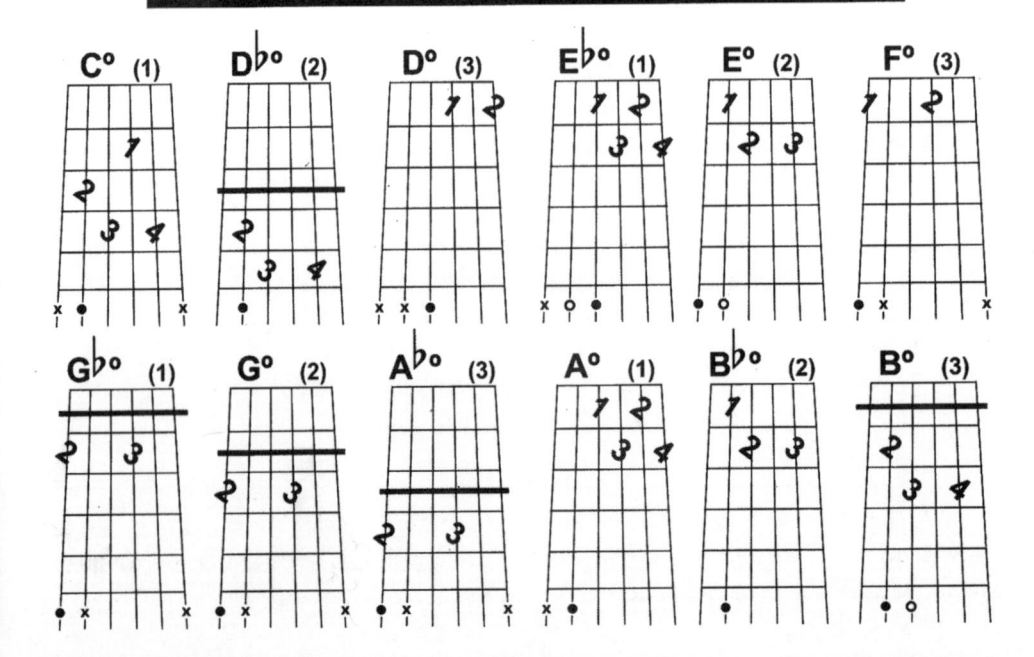

Cº (1) D♭º (2) Dº (3) E♭º (1) Eº (2) Fº (3)

G♭º (1) Gº (2) A♭º (3) Aº (1) B♭º (2) Bº (3)

Acordes com Sétima Maior

As primeiras e terceiras maiores podem ser substituídas pelos respectivos acordes com sétima maior:

Se a primeira ou a terceira maior é C, pode ser substituída por C7M
Se a primeira ou a terceira maior é D, pode ser substituída por D7M
e assim por diante.

Resumo

A todo acorde maior, pode ser acrescentada a sétima maior:
C, C7M * D, D7M * G, G7M, etc.

Exemplos de Encadeamentos

Poderíamos usar no encadeamento de Dó Maior as seguintes sequências:
C7M, A7, Dm, G7, C7M * C7M, C7, F7M, G7, C7M

Procure fazer outros encadeamentos usando todos os acordes dissonantes apresentados até aqui e execute-os no violão:

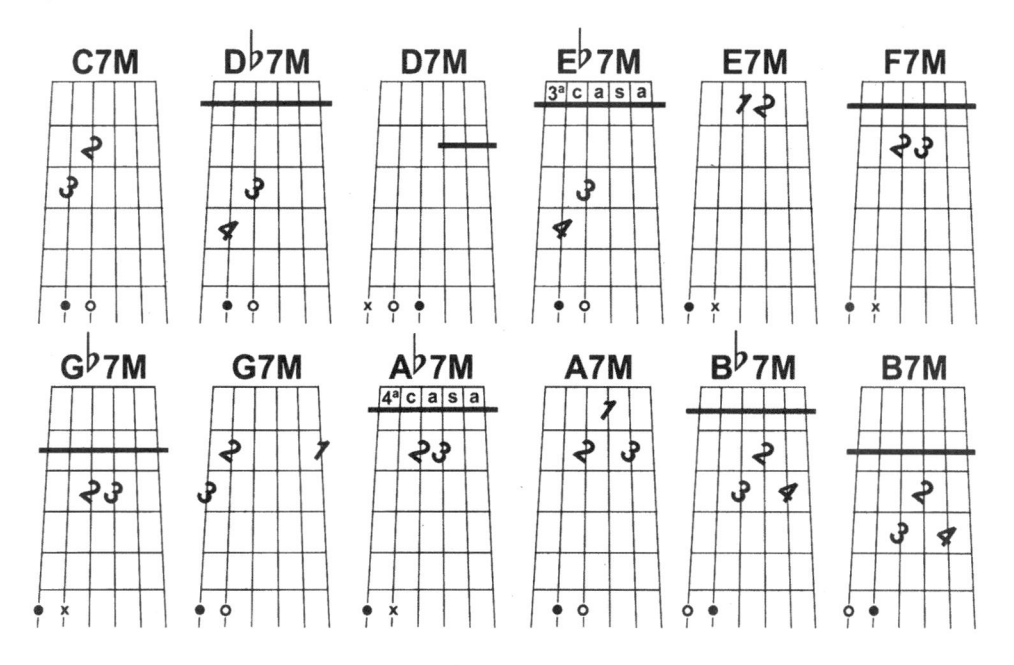

Nos acordes E7M, F7M, G♭7M, A♭7M, a primeira corda pode ser dispensada. Obrigatoriamente os dedos da mão direita (indicador, médio e anular) deverão tocar o acorde puxando a segunda, terceira e quarta corda.

Acordes Menores com Sétima

Todo acorde menor, seja primeira ou terceira, pode ser substituído pelo seu respectivo acorde menor com sétima:

Se a primeira ou terceira for Cm, pode ser substituído por Cm7
Se a primeira ou terceira for Dm, pode ser substituído por Dm7
e assim por diante.

Resumo

Aos acordes menores podem ser acrescentadas as sétimas:
Dm, Dm7 * Cm, Cm7 * Gm, Gm7, etc.

Exemplos de Encadeamento

No encadeamento de Dó Maior teríamos em vez de C, A7, Dm, G7, C:
C, A7, Dm7, G7, C
No encadeamento de Lá Menor teríamos em vez de Am, A7, Dm, E7, Am:
Am7, A7, Dm7, E7, Am7

Exercite outros encadeamentos no violão usando todos acordes dissonantes já estudados:

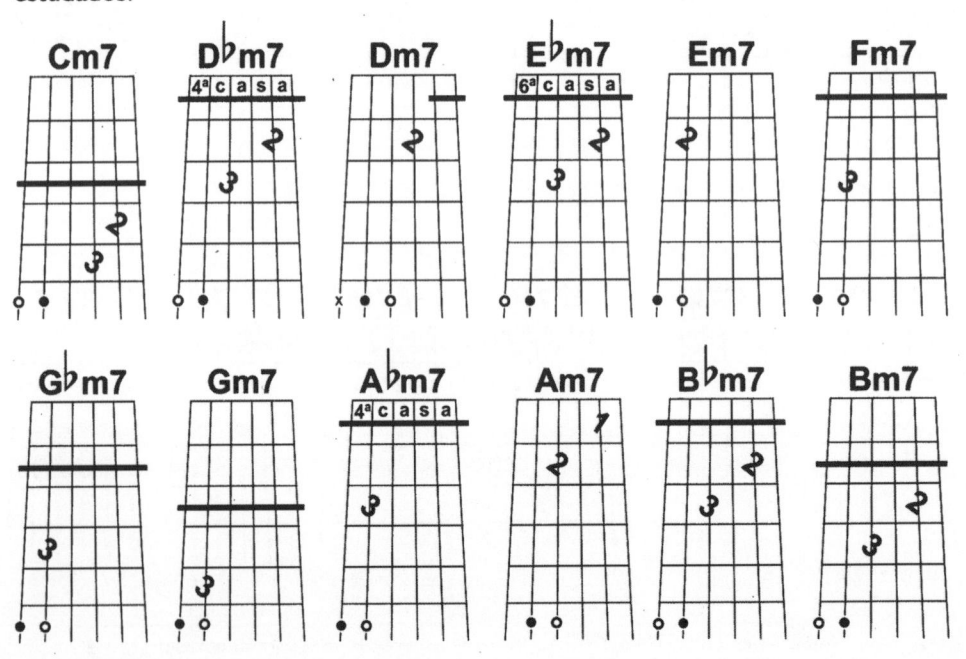

Acordes Menores com Sexta

Em geral, a sequência normal dos acordes de uma tonalidade, durante o acompanhamento se dá passando-se da primeira posição à preparação e daí para a terceira, da seguinte forma:

Primeira * Preparação * Terceira

No tom de Dó Maior as cifras correspondentes a essas posições seriam:

C, A7, Dm

Entretanto, para enriquecer o acompanhamento, pode o violonista intercalar entre a primeira e a preparação um acorde menor com sexta. É recomendável sempre tentar essa intercalação para habituar o ouvido.

Para achar o acorde menor com sexta, o violonista deve proceder da seguinte maneira:

Tomando por base o exemplo acima (tonalidade de Dó Maior), verifica-se qual a segunda do tom em que está se tocando e a cifra correspondente (no caso será G7).

Com a letra G dessa cifra, abandonado o 7, o violonista formará o acorde menor com sexta que aparecerá entre a primeira e a preparação. Assim terá:

G+m (designativo de tom menor) + 6 (designativo de sexta) Gm6

que é o acorde menor com sexta.

Dessa forma a sequência dos acordes que antes era primeira, preparação e terceira, passará a ser primeira, acorde menor com sexta, preparação e terceira:

C , Gm6, A7, Dm

Da mesma forma, pode-se empregar o acorde menor com sexta entre a terceira e a segunda. Neste caso, o acorde menor com sexta será formado com a mesma letra da cifra da terceira menor. Se estivermos em Dó Maior a terceira menor é Dm e o acorde menor com sexta a ser empregado entre a terceira e a segunda será o Dm6 (Ré Menor com sexta). Esse acorde menor com sexta é de tão largo uso que pode inclusive substituir a segunda, já que ele tem a mesma função tonal:

C, Dm6, G7

É também possível empregar o acorde menor com sexta que é formado com a mesma letra da cifra que indica a terceira maior. No caso de Dó Maior a terceira maior é F (Fá Maior) e o acorde menor com sexta a ser empregado antes da segunda de Dó poderia ser Fm6 (Fá Menor com sexta).

Embora todos os exemplos aqui dados tenham sido em Dó Maior, deve-se usar essas mesmas regras para qualquer tom.

Tente aplicar esses acordes menores com sexta antes da preparação e da segunda e o ouvido e o gosto pessoal de cada executante indicará com maior precisão a conveniência da aplicação deles:

C, Fm6, G7

Resumo

O acorde menor com sexta antecede ou substitui o acorde com sétima. Esse acorde é encontrado voltando-se duas notas na ordem em que elas se sucedem, a contar da nota que forma o acorde de sétima em estudo.

Tendo-se o C7 como referência, o acorde menor com sexta que poderá anteceder ou substituí-lo é o B♭m6.

Também poderá ser acrescentada uma sexta a um acorde menor, quando este antecede um acorde de sétima:

C, Dm, Dm6, G7, C

Exemplos de Encadeamentos

A sequência de Dó Maior (C, A7, Dm, G7, C) poderá sofrer a seguinte modificação:

C, Gm6, A7, Dm, Dm6, G7, C

Poderíamos ainda incluir entre o Dm6 e o G7 o Fm6 e então teríamos:

C, Gm6, A7, Dm, Dm6, Fm6, G7, C

Neste caso usamos as duas regras dadas anteriormente.

Faça outros encadeamentos aplicando as regras e os acordes dissonantes estudados:

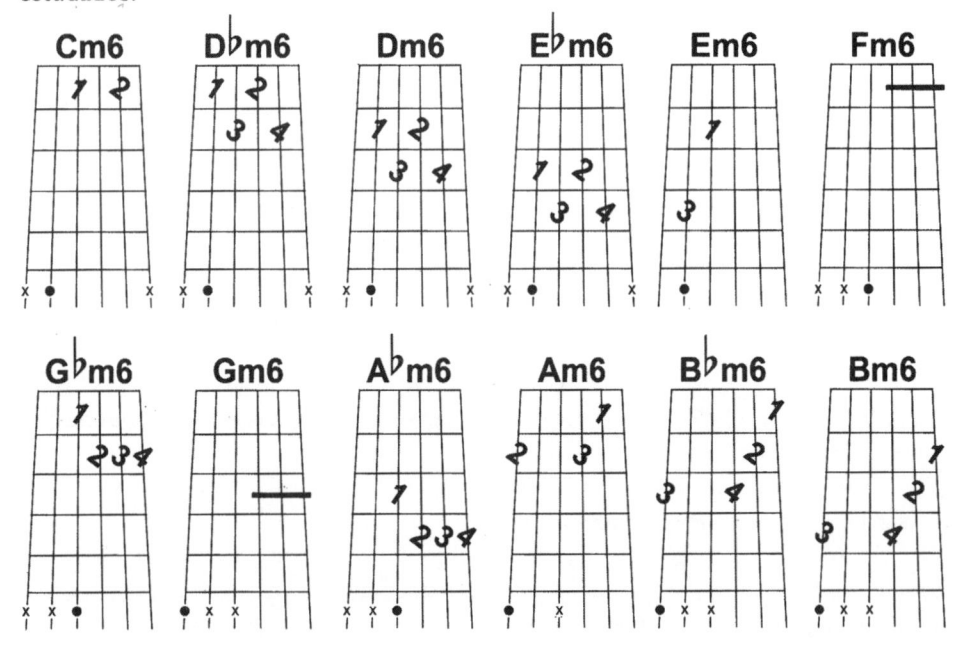

Por Causa de Você

(Samba-Canção) - Dó Maior

(Antonio Carlos Jobim - Dolores Duran)
© Copyright 1957 by Edições Euterpe Ltda - Rio de Janeiro - Brasil

```
C                              C7M              Gm6
AI VOCÊ ESTÁ VENDO SÓ          AI VOCÊ ESTÁ VENDO SÓ
      A7         Dm                  A7         Dm7
DO JEITO QUE EU FIQUEI         DO JEITO QUE EU FIQUEI
          G7                       Fm6      Dm6 G9
E QUE TUDO FICOU               E QUE TUDO FICOU
Dm                             Dm7           Dm6
UMA TRISTEZA TÃO GRANDE        UMA TRISTEZA TÃO GRANDE
     G7          C                  G7/+5       C7M
NAS COISAS MAIS SIMPLES        NAS COISAS MAIS SIMPLES
              A7                            Gm6  A7/+5
QUE VOCÊ TOCOU                 QUE VOCÊ TOCOU
Dm              B7             Dm7              Am6  (I)
A NOSSA CASA QUERIDA           A NOSSA CASA QUERIDA
                Em                 B7/+5       Em7
ESTAVA ACOSTUMADA              ESTAVA ACOSTUMADA
        A7                                     Gm6
GUARDANDO VOCÊ                 GUARDANDO VOCÊ
                Dm                 A7/+5        Dm7
E AS FLORES NA JANELA          E AS FLORES NAS JANELAS
       G7                          Fm6      Dm6
SORRIAM CANTAVAM               SORRIAM CANTAVAM
                 C  A7             G7        C7M Gm6 A7/+5
POR CAUSA DE VOCÊ              POR CAUSA DE VOCÊ
Dm                             Dm7              Dm6
OLHE MEU BEM NUNCA MAIS        OLHE MEU BEM NUNCA MAIS
G7          C   A7             G7/5+         C7M Gm6 A9
NOS DEIXE POR FAVOR            NOS DEIXE POR FAVOR
Dm            G7               Dm7             Dm6
SOMOS A VIDA E O SONHO         SOMOS A VIDA E O SONHO
              C  C7                G9        C7M  C9
NÓS SOMOS O AMOR               NÓS SOMOS O AMOR
F                              F7M             Dm6
ENTRE MEU BEM POR FAVOR        ENTRE MEU BEM POR FAVOR
       G7          C               G9           C7M
NÃO DEIXE O MUNDO MAU          NÃO DEIXE O MUNDO MAU
           A7                      Gm6        A7
NOS LEVAR OUTRA VEZ            NOS LEVAR OUTRA VEZ
                Dm                             Dm7
ME ABRACE SIMPLESMENTE         ME ABRACE SIMPLESMENTE
NÃO FALE NÃO LEMBRE                       Dm6
       G7        C             NÃO FALE NÃO LEMBRE
NÃO CHORE  MEU BEM                 G7/+5       C7M
                               NÃO CHORE  MEU BEM
```

O Am6 é o acorde menor com sexta que antecede a segunda de Mi Menor. Como é fácil entender, neste caso do exemplo, existe uma modulação para Mi Menor. Modulação é a passagem de uma tonalidade para outra. *(Ver "Segredo do Acompanhamento" no capítulo Modulação).*

Acordes de 5ª Aumentada e 9ª

A regra para o emprego dos acordes de 5ª aumentada e 9ª é a mesma que se usa para o emprego dos acordes de 5ª aumentada e 7ª:

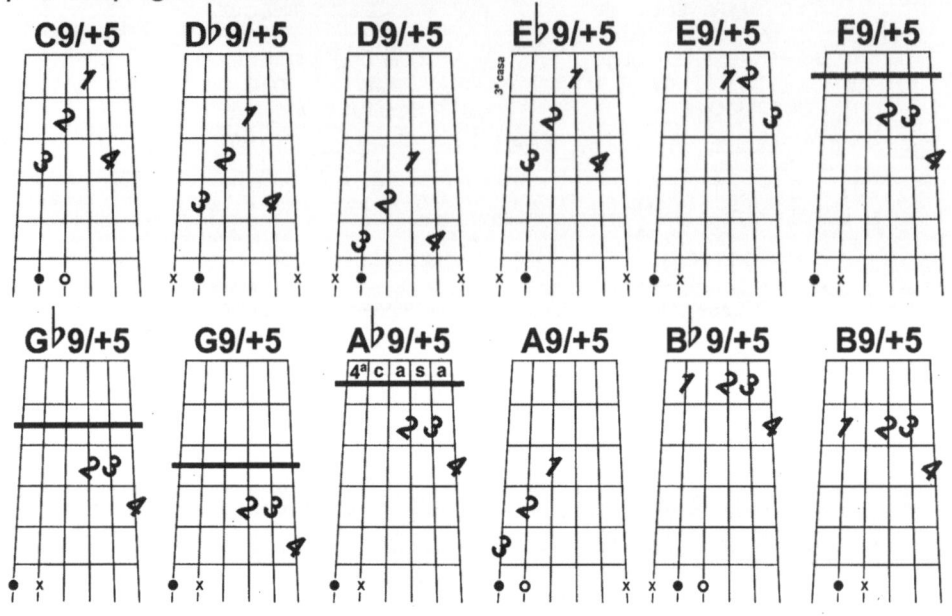

C9/+5   Db9/+5   D9/+5   Eb9/+5   E9/+5   F9/+5

Gb9/+5   G9/+5   Ab9/+5   A9/+5   Bb9/+5   B9/+5

Acordes de 9ª Aumentada

Esses acordes substituem as segundas e preparações.

Tons Maiores

Nos tons maiores procede-se da seguinte forma para substituição da segunda ou preparação pelo acorde de 9ª aumentada:

Procura-se o acorde de 9ª maior encontrado um semitom acima da primeira.

O acorde encontrado substituirá a segunda do tom:

    Em Dó Maior a primeira do tom é C

    O acorde encontrado um semitom acima é Db

    Usa-se esse acorde com a nona aumentada

    Portanto, teremos o acorde Db9+

    Em vez de C, G7, C, teríamos: C, Db9+, C

Quando usamos o acorde de nona maior, é interessante também usarmos a primeira com sétima maior ou nona:

    C, Db9+, C7M, ou então C, Db9+, C9

O efeito obtido é muito bom.

Para substituirmos a preparação, procede-se da mesma forma já estudada. Procura-se o acorde formado um semitom acima da terceira maior e substitui-se o acorde encontrado pela preparação.

Em Dó Maior: A terceira maior de Dó Maior é F. O acorde encontrado um semitom acima é G♭. Usa-se a nona aumentada e teremos G♭9+.

Esse acorde (G♭9+) irá substituir a preparação para a terceira maior que é o C7. Teríamos então a seguinte sequência: G♭9+, F em vez de C7, F.

Vejamos uma sequência de acordes no tom de Dó Maior: C, C7, F, G7, C.

Com o uso das notas aumentadas teríamos: C, G♭9+, F, D♭9+, C.

Se o violonista estiver com a ordem em que se sucedem as notas bem decorada, não terá dificuldade em compreender a matéria dada.

Tons menores

No tom menor não se procede da mesma forma. A substituição é feita pelo acorde do mesmo nome. Isto é: se a segunda ou preparação é A7, substitui-se por A9+. Se é C7, substitui-se por C9+ e assim por diante.

> Para substituir uma preparação por um acorde de nona, observe-se a terceira. Se for a terceira menor, emprega-se a regra para tons menores. Se for a terceira maior, emprega-se a regra para tons maiores. Nos tons maiores também é possível aplicar a regra para os tons menores, porém em casos raros.

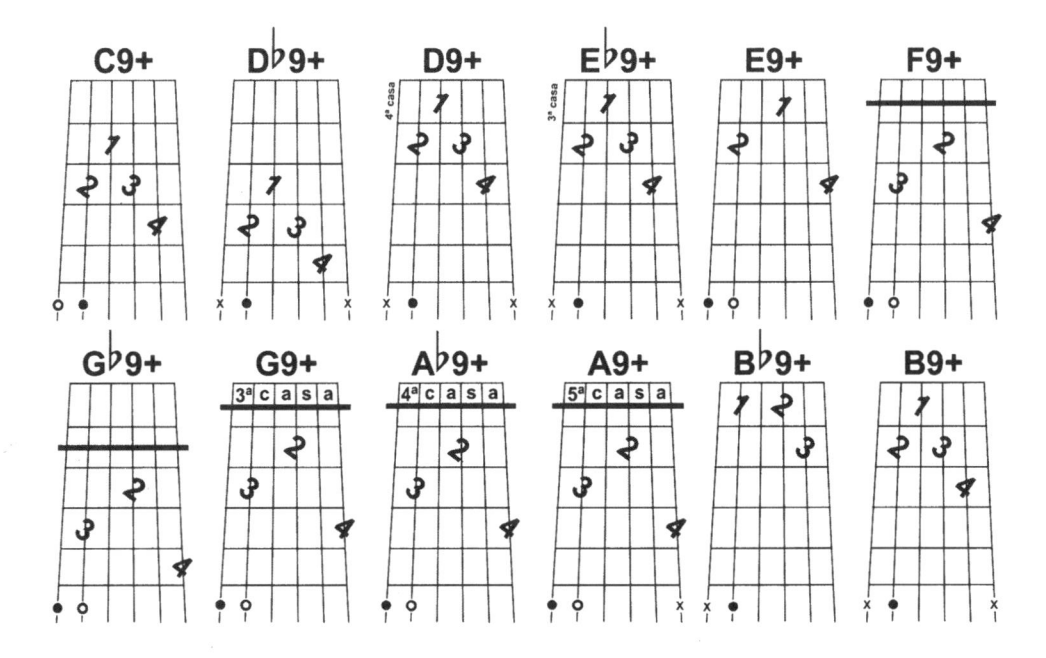

Muitos são os acordes dissonantes e seu emprego muito variado. Entretanto a intenção deste livro é facilitar ao máximo, isto é colocar o ensino prático e certo do violão ao alcance de todos. Se o violonista entender e empregar estes acordes, conseguirá um acompanhamento bem dissonante e absolutamente certo.

Para melhor entendimento, estude bem o exemplo encontrado na página 39, o samba-canção "Por Causa de Você".

Acordes Maiores com Décima Terceira

Esses acordes podem ser empregados substituindo as segundas e também as primeiras. Portanto substituem os acordes maiores e também os acordes maiores com sétima:

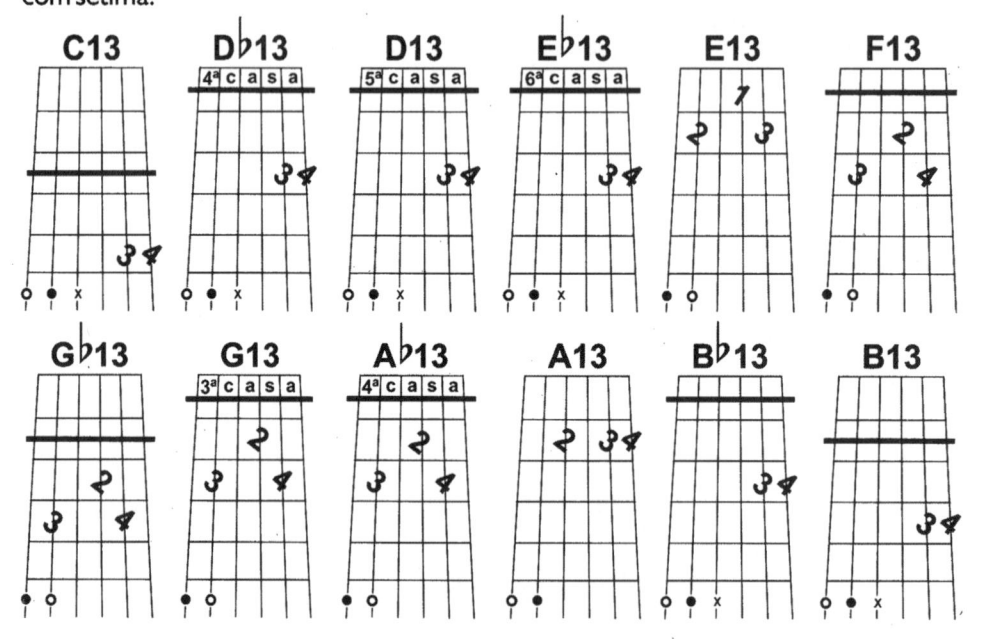

C13   D♭13   D13   E♭13   E13   F13
G♭13   G13   A♭13   A13   B♭13   B13

Os exemplos de encadeamentos serão dados mais adiante.

Acordes Menores com Nona

Estes acordes obedecem à mesma regra dos acordes menores com sétima. Devem ser empregados com mais cuidado por serem bem mais dissonantes.

Exemplos de Encadeamentos

No tom de Dó Maior: C, A7, Dm, G7, C.
Com o emprego dos acordes dissonantes, essa mesma sequência ficaria assim:
C7M, Am7, Dm9, G13, C7M

Outros encadeamentos devem ser tentados.
É a melhor maneira para o desenvolvimento do ouvido.

Esse exemplo deve ser feito com o emprego da pestana. No *"Segredo do Braço do Violão"* o violonista encontrará todos esses acordes feitos com pestana:

C7M - (posição base A7M)
Am7 - (posição base Em7)
Dm9 - (posição base Bm9)

A substituição do A7 pelo Am ou Am7, pode ser feita. Ver *"Segredo do Acompanhamento"* capítulo *"Como Enriquecer o Acompanhamento"*.

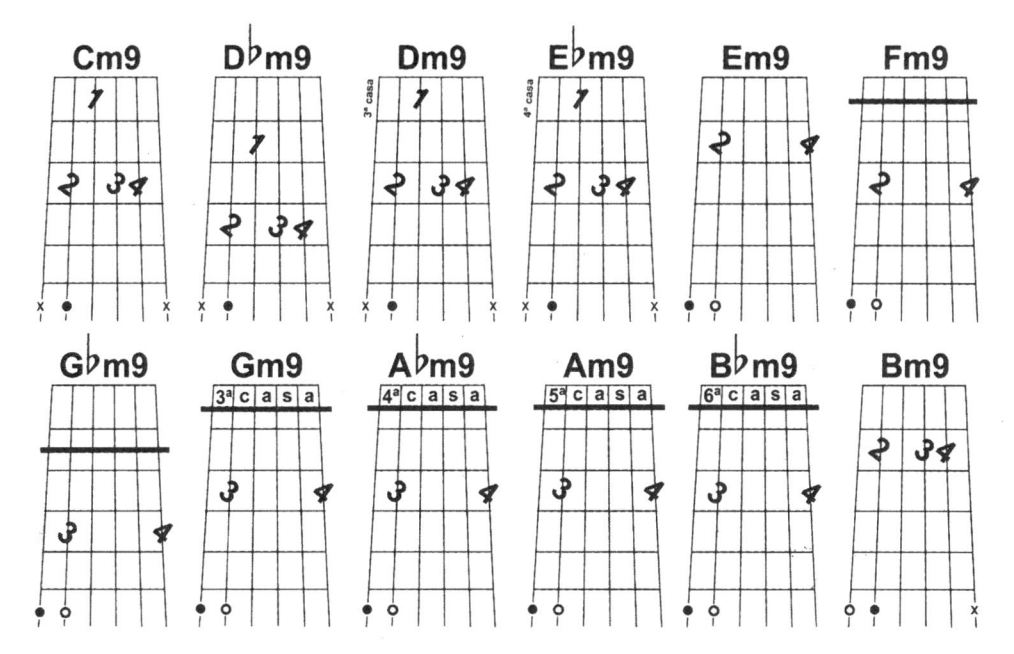

[Diagramas de acordes: Cm9, D♭m9, Dm9, E♭m9, Em9, Fm9, G♭m9, Gm9 (4ª casa), A♭m9 (5ª casa), Am9, B♭m9 (6ª casa), Bm9]

Acordes Maiores com Décima Primeira Aumentada

Esses acordes substituem as segundas ou preparações. Substituem portanto os acordes maiores com sétima. Seu emprego é também muito bom, quando aparece depois do acorde de sétima, antes do acorde maior ou menor (primeira ou terceira).

Exemplos de Encadeamentos

O acorde maior com décima primeira aumentada que substituirá a segunda ou preparação (acorde maior com sétima), terá o mesmo nome da nota imediata àquela que dá nome ao acorde que forma a primeira ou a terceira (acorde maior ou menor).

A ordem em que se sucedem as notas é tratada no capítulo «Cifra», à pág. 10.

Em Dó Maior, teremos o seguinte exemplo: C, C7, F, G7, C.

Empregando os acordes dissonantes, essa mesma sequência se transformaria dessa forma: C7M, C7, G♭11+, F7M, G7, D♭11+, C7M.

Outro exemplo em Sol Maior: G, E7, Am, G.
Com os acordes dissonantes, essa sequência poderia ficar assim:
G13, B♭11+, Am7, D7, A♭11+, G7M
Os acordes Am7 e G7M, deverão ser feitos com pestana na quinta e terceira casa, respectivamente. Ver "Segredo do Braço do Violão", posição base Em7 e posição base E7M.

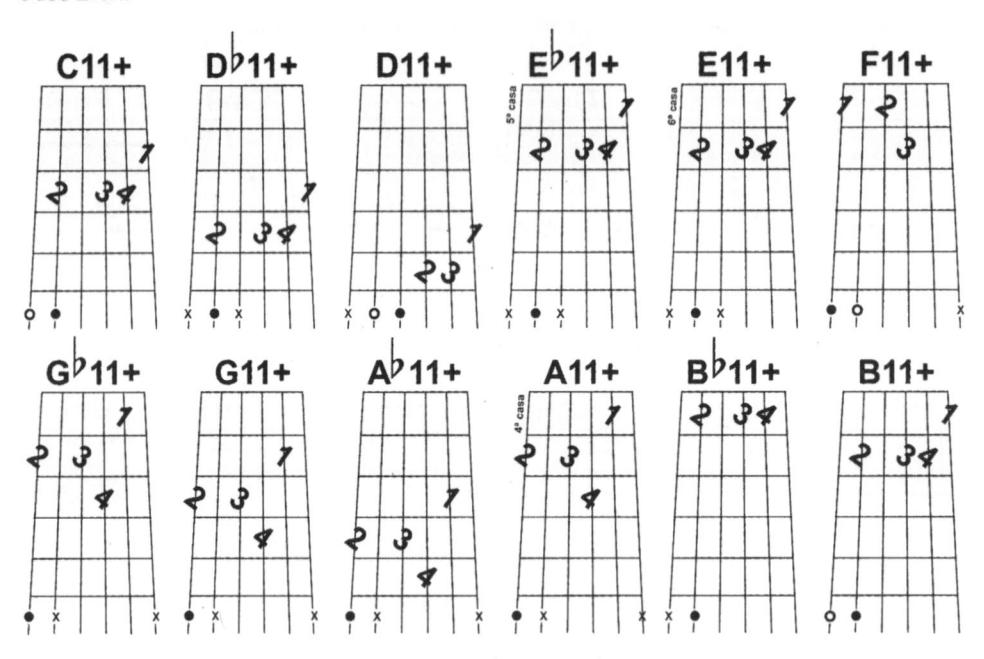

[Diagramas de acordes: C11+, D♭11+, D11+, E♭11+, E11+, F11+]

[Diagramas de acordes: G♭11+, G11+, A♭11+, A11+, B♭11+, B11+]

Acordes Menores com Décima Primeira

Estes acordes substituem a terceira menor (acorde menor) ou podem aparecer depois dela e antes da segunda (acorde maior com sétima). Podemos colocá-lo sempre ou quase sempre antes do acorde de décima primeira aumentada.

Exemplo de Encadeamentos

Em Dó Maior, teríamos a seguinte sequência:
C, A7, Dm, G7, C
Empregando os acordes dissonantes teríamos:
C7M, Am7, Dm11, D♭11+, C7M
Em Sol Maior teríamos:
G, E7, Am, D7, G
Usando os acordes dissonantes, essa sequência seria assim:
G7M, B♭11+, Am7, Am11, A♭11+, G7m
Todos esses exemplos devem ser feitos com pestana.

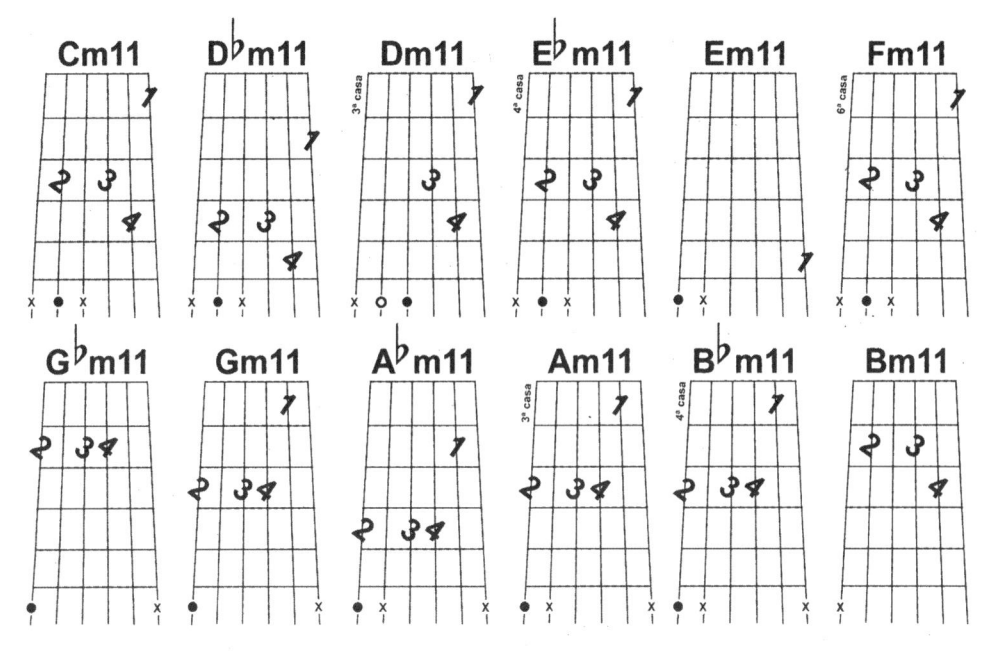

Transporte

Se a música está em um tom muito alto, isto é, a melodia é cantada com grande esforço, quase gritando o que temos a fazer é procurar um tom mais baixo. Se estamos em Dó, tentamos o Si, ainda estando alto, continuamos a descer para Si bemol, Lá, etc. até encontrar o tom ideal. Mas se ao contrário, o tom de Dó for muito baixo, em vez de descer, sobe-se para o Ré bemol, Ré ou Mi bemol, etc. até encontrarmos o tom ideal.

Na tabela de transporte, temos em destaque o nome dos tons, sejam maiores ou menores. Na coluna vertical de cada tom, estão escritas todas as cifras que poderão aparecer em qualquer música naquele tom. Se seguirmos a linha horizontal, encontraremos as cifras correspondentes ao novo tom que se quer achar.

A primeira música deste método está no tom de Dó Maior e tem os seguintes acordes: C, G7, C, A7, Dm, G7, C.

Se houver a necessidade de transportá-la para Ré Maior procederemos da seguinte forma:

      Verifica-se na coluna de Dó, em que linha está a cifra C

      Segue-se esta linha horizontalmente até encontrar a coluna do tom de Ré
      e aí encontraremos a cifra correspondente que é D

      Continuando teríamos agora a cifra G7. Faz-se a mesma operação com a
      letra G. O sete será acrescido à nova letra encontrada que é A.

Procedendo da mesma forma com as demais cifras, teremos os seguintes acordes para acompanhar "Parabéns" em Ré Maior: D, A7, D, B7, Em, A7, D.

Essas cifras substituirão as anteriores e como é lógico elas deverão ocupar os mesmos lugares das outras.

Os sinais de menor (m), diminuto (°) e números em nada modificam a matéria dada até aqui. Apenas eles deverão aparecer na nova cifra encontrada:

No tom de Dó encontramos as cifras Dm7, E♭°, Cm7, G9, C+5.

Para transportar para o tom de Ré, faremos a operação com as letras D, E♭, C, G, C que são as mesmas dos acordes dados e encontraremos as letras E, F, D, A, D.

Depois acrescentaremos os sinais constantes das cifras que estavam no tom de Dó e teremos Em7, F°, Dm7, A9, D+5.

Transporte

Tabela FERNANDO AZEVEDO

Tons Maiores e Menores												
Dó	**Ré♭**	**Ré**	**Mi♭**	**Mi**	**Fá**	**Sol♭**	**Sol**	**Lá♭**	**Lá**	**Si♭**	**Si**	**Dó**
C	D♭	D	E♭	E	F	G♭	G	A♭	A	B♭	B	C
D♭	D	E♭	E	F	G♭	G	A♭	A	B♭	B	C	D♭
D	E♭	E	F	G♭	G	A♭	A	B♭	B	C	D♭	D
E♭	E	F	G♭	G	A♭	A	B♭	B	C	D♭	D	E♭
E	F	G♭	G	A♭	A	B♭	B	C	D♭	D	E♭	E
F	G♭	G	A♭	A	B♭	B	C	D♭	D	E♭	E	F
G♭	G	A♭	A	B♭	B	C	D♭	D	E♭	E	F	G♭
G	A♭	A	B♭	B	C	D♭	D	E♭	E	F	G♭	G
A♭	A	B♭	B	C	D♭	D	E♭	E	F	G♭	G	A♭
A	B♭	B	C	D♭	D	E♭	E	F	G♭	G	A♭	A
B♭	B	C	D♭	D	E♭	E	F	G♭	G	A♭	A	B♭
B	C	D♭	D	E♭	E	F	G♭	G	A♭	A	B♭	B

INDICE

3   A Palavra do Autor
5   Representação Gráfica
6   Do Violão
     Posição Correta, Posição da Mão Esquerda, Posição da Mão Direita
7   Afinação - Ritmo
8   Cifras
9   Dó Maior
11   Lá menor - Ritmo de Toada
12   Ritmo de Marcha
13   Ritmo de Samba-Canção
14   Ritmo de Iê Iê Iê
16   Ritmo de Bolero
17   Sol Maior - Mi menor
18   Ré Maior - Si menor
19   Lá Maior - Sol Bemol menor
20   Mi Maior - Ré Bemol menor
21   Si Maior - Lá Bemol Maior
22   Sol Bemol Maior - Lá Bemol Maior
23   Ré Bemol Maior - Si Bemol menor
24   Lá Bemol menor - Fá menor
25   Mi Bemol Maior - Dó menor
26   Si Bemol Maior - Sol menor
27   Fá Maior
28   Ritmo de Bossa Nova
29   Acordes Dissonantes
30   Acordes de Sétima e Nona
     Nona Maior   Nona menor
31   Acordes de Sétima com Quinta Aumentada - Acordes de Sétima Diminuta
33   Acordes com Sétima Maior
34   Acordes menores com Sétima
35   Acordes menores com Sexta
38   Acordes de Quinta Aumentada e Nona
     Acordes de Nona Aumentada
40   Acordes Maiores com Décima Terceira
     Acordes menores com Nona
41   Acordes Maiores com Décima Primeira Aumentada
42   Acordes menores com Décima Primeira
43   Transporte

10 Parabéns Pra Você
Valsa Dó Maior

11 Casinha Pequenina
Toada Lá menor

12 A Banda
Marcha Dó Maior

13 A Noite Do Meu Bem
Samba-Canção Lá menor

15 Quero Que Vá Tudo Pro Inferno
Ie Ie Ie Lá Menor

16 Alguém Me Disse
Bolero Lá menor

28 Mulher De Trinta
Samba-Bossa Nova Lá menor

37 Por Causa De Você
Samba-Canção Dó Maior

fernando azevedo

método de violão

RITMO • TRANSPORTE • BOSSA NOVA • ACORDES DISSONANTES

Fac-simile em branco e preto da capa original que circulou desde a 1ª edição (1961) até Dezembro 2004.